조직 이해 능력

ORGANIZATION UNDERSTANDING COMPETENCY

PREFACE

본 도서는 우리나라 직업인들에게 공통적으로 요구되는 10가지 직업기초능력 가운데 하나인 조직이해능력을 향상시키는 데 도움이 되는 책이다. 조직이해능력이란 직업인으로서 일상적인 직장생활에 요구되는 조직의 경영과 체제를 이해하고 이에 기초하여 자신의 업무특성을 파악하며 국제적인 감각을 기르는 능력을 의미한다. 즉, 기초직업능력으로서 모든 직업인들이 공통적으로 지녀야 할 조직이해능력을 의미하는 것이기 때문에 높은 수준을 요구하는 것은 아니다. 따라서 학습 대상자는 대학생과 신입사원 혹은 저연차 직장인이 이에 해당된다.

최근 직업기초능력으로서 조직이해능력의 중요성은 점차 확산되고 있으나 많은 학교나 기업에서 학습자들이 손쉽게 자신의 조직이해능력을 배양하거나 습득하는 데 적절한 교재가 부족한 실정이다. 따라서 본 도서는 모든 직업인에게 공통적으로 요구되는 조직이해능력을 학습자 스스로 진단하고, 학습할 수 있도록 설계하였고, 또한 실제 기업 현장에서 다루는 내용을 전달하는 데 심혈을 기울였다.

조직이해능력은 경영이해능력, 체제이해능력, 업무이해능력 및 국제감각이라는 4가지 하위영역으로 구분된다. Part 1에서는 조직이해능력에 대한 전반적인 이해를 위해 그 의미와 중요성에 대해 학습하고, 조직의 개념과 특징에 대해 학습한다. Part 2는 경영이해능력에 대해 다루며, 경영의 기능과 효율적 경영을 위한 조직관리 리더십과 동기부여에 대해 학습한다. 또한 경영전략수립 프로세스와 그것을 이루어 나가는 인적자원관리와 육성에 대해 소개하였다. Part 3은 체제이해능력으로 조직구조의 개념과 형태 그리고 조직변화전략에 대해 학습한다. 또한 이것을 이루어 나가는 조직문화 구축 방법을 제시하였다. Part 4에서는 업무이해능력을 다

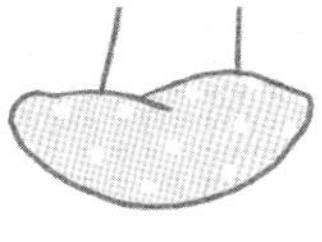

루며, 업무의 정의와 기업의 다양한 업무들을 소개하였고, 실제 업무수행을 해나갈 때 업무의 우선순위 선정방법, 즉 시간관리 스킬에 대해 학습한다. Part 5는 국제감각을 다루며, 글로벌화의 이해와 그 트렌드를 배우고, 다양한 이문화와 글로벌 매너에 대해 기술하였다.

본 도서는 학습자들이 직장생활을 하는 데 있어서 자신의 조직의 특성을 이해하여 적용하는 데 중점을 두었으며, 이는 조직이해능력을 갖추는 의미 있는 시간이 될 것이다. 더불어 학습자들이 실제 업무에서 이를 적용하고, 응용해 나감으로써 업무효율이 향상되기를 기대해 본다.

저자 김진규

활용안내

활용

모든 직업인들에게 공통적으로 요구되는 기초직업능력으로서의 조직이해능력은 직업인이 직장생활을 하는 데 요구되는 조직의 경영과 체제를 이해하고 이에 기초하여 자신의 업무특성을 파악하며 국제적인 감각을 기르는 능력을 의미한다. 이에 따라 조직이해능력은 경영이해능력, 체제이해능력, 업무이해능력 및 국제감각이라는 4가지 하위영역으로 구분될 수 있다.

따라서 본 도서는 모든 직장인들에게 필수적으로 요구되는 조직이해능력의 하위영역들을 자기주도적이고 체험 중심형으로 진단하고 학습하는 것을 목적으로 구성되었다.

구성

본 조직이해능력 도서의 구성은 크게 활용안내, 사전평가, 학습모듈, 사후평가, 참고자료, 학습평가, 정답과 해설로 구성되어 있다.

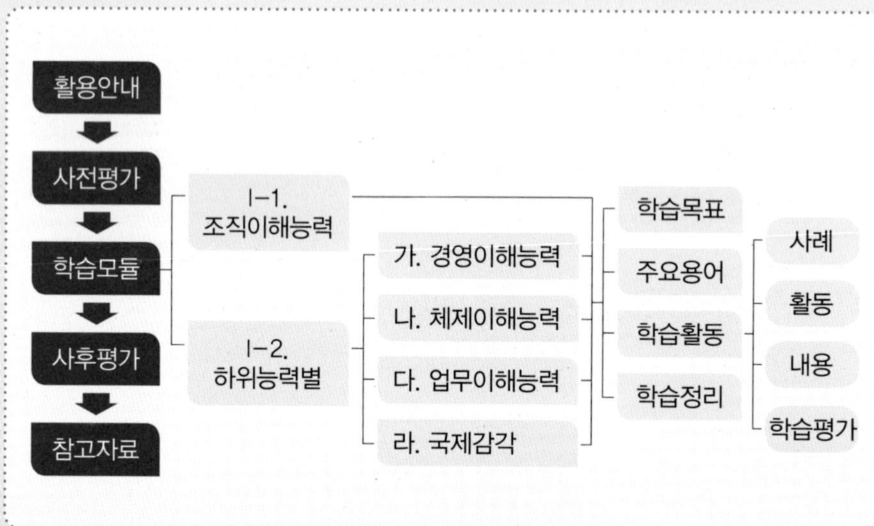

활용안내는 교재의 전체적인 개요와 구성을 설명하고, 학습자에게 교재의 효과적인 활용방법 및 학습방법을 안내하는 역할을 한다. 사전평가는 학습모듈을 학습하기 전에 조직이해능력에 대한 학습자의 현재 수준을 진단하고, 학습자에게 필요한 학습활동을 안내하는 역할을 한다.

학습모듈은 직업기초능력으로서의 조직이해능력에 대한 학습모듈과 이를 구성하는 각 하위능력에 대한 학습모듈로 구성되어 있다. 학습목표에는 직업기초능력으로서 조직이해능력을 향상시키기 위한 학습내용이 제시되어 있으며 미리보기를 통해 학습내용의 중요성과 필요성을 인식할 수 있는 사례가 제시되어 있어서 앞으로 전개될 본문의 내용을 예상해 볼 수 있다.

각 학습활동은 사례탐구, Level up Mission, 내용, Quiz, 학습내용 Review 등으로 구성되어 있으며 해당 학습활동과 관련된 다양한 사례를 통해 이해도를 높였다. 또한 학습자가 스스로 생각해 보고 정리할 수 있는 다양한 미션들이 제시되어 있다.

내용에는 해당 학습활동과 관련이 있는 다양한 이론과 정보가 제시되어 있으며, Quiz를 통해 해당 학습활동의 성취 수준을 파악할 수 있는 문항이 제시되어 있다. 그리고 Review를 통해 학습모듈의 주요 내용을 한눈에 정리하였다.

사후평가를 통해서는 모든 학습모듈에 대한 학습을 마친 뒤 학습자들이 스스로 자신의 성취수준을 평가하고 부족한 부분을 피드백받을 수 있도록 하기 위한 체크리스트가 제시되어 있다. 참고자료에는 이 책을 집필하기 위해 정보를 얻은 다양한 참고자료 목록이 제시되어 있으며 마지막에는 각 모듈의 Quiz에 대한 정답과 해설이 정리되어 있다. 이 책의 구성을 따라서 한 단원씩 학습해 나간다면, 조직 경영을 이해하며, 조직을 구성하는 체제 및 조직의 큰 그림에서 자신의 업무를 이해할 수 있을 것이다.

사전평가

체크리스트

다음은 모든 직업인에게 일반적으로 요구되는 조직이해능력 수준을 스스로 알아볼 수 있는 체크리스트이다. 본인의 평소 행동을 잘 생각해보고, 행동과 일치하는 것에 체크해보시오.

문항	그렇지 않은 편이다.	그저 그렇다.	그런 편이다.
1. 나는 조직의 의미를 설명할 수 있다.	1	2	3
2. 나는 조직이해가 왜 필요한지 설명할 수 있다.	1	2	3
3. 나는 조직이 어떻게 운영되는지 설명할 수 있다.	1	2	3
4. 나는 조직의 체제를 구성하는 요소를 구분할 수 있다.	1	2	3
5. 나는 전체 조직에서 내가 맡은 업무를 설명할 수 있다.	1	2	3
6. 나는 세계화가 직장생활에 미치는 의미를 설명할 수 있다.	1	2	3
7. 나는 조직변화 계획을 수립할 수 있다.	1	2	3
8. 나는 조직과 나와의 관계를 설명할 수 있다.	1	2	3
9. 나는 경영의 의미와 과정을 설명할 수 있다.	1	2	3
10. 나는 조직에서 의사결정이 어떻게 이루어지는지 설명할 수 있다.	1	2	3
11. 나는 내가 속한 조직의 경영전략을 설명할 수 있다.	1	2	3
12. 나는 근로자들이 조직경영에 참여하는 방법을 설명할 수 있다.	1	2	3
13. 나는 내가 속한 조직의 목표를 설명할 수 있다.	1	2	3
14. 나는 내가 속한 조직의 구조를 설명할 수 있다.	1	2	3
15. 나는 내가 속한 조직문화의 특징을 설명할 수 있다.	1	2	3
16. 나는 내가 속한 집단의 특성을 설명할 수 있다.	1	2	3
17. 나는 나의 업무 특성을 설명할 수 있다.	1	2	3
18. 나는 적절한 업무수행 계획을 수립할 수 있다.	1	2	3
19. 나는 업무수행의 방해요인을 확인할 수 있다.	1	2	3
20. 나는 국제감각을 길러야 하는 필요성을 설명할 수 있다.	1	2	3
21. 나는 다른 나라 문화를 이해하는 방법을 설명할 수 있다.	1	2	3
22. 나는 전공과 관련된 국제동향을 파악할 수 있다.	1	2	3
23. 나는 글로벌시대의 국제매너를 갖추고 있다.	1	2	3

평가방법

체크리스트의 문항별로 자신이 체크한 결과를 아래 표를 이용해 해당 개수를 적어보자.

문항	수준	개수	학습모듈	교재(Chapter)
1~8번	그렇지 않은 편이다.	(　　)개	Part 1 조직이해능력	Chapter 1
	그저 그렇다.	(　　)개		
	그런 편이다.	(　　)개		
9~12번	그렇지 않은 편이다.	(　　)개	Part 2 경영이해능력	Chapter 2, 3, 4
	그저 그렇다.	(　　)개		
	그런 편이다.	(　　)개		
13~16번	그렇지 않은 편이다.	(　　)개	Part 3 체제이해능력	Chapter 5, 6
	그저 그렇다.	(　　)개		
	그런 편이다.	(　　)개		
17~19번	그렇지 않은 편이다.	(　　)개	Part 4 업무이해능력	Chapter 7, 8, 9
	그저 그렇다.	(　　)개		
	그런 편이다.	(　　)개		
20~23번	그렇지 않은 편이다.	(　　)개	Part 5 국제감각	Chapter 10, 11
	그저 그렇다.	(　　)개		
	그런 편이다.	(　　)개		

평가결과

진단방법에 따라 자신의 수준을 진단한 후, 한 문항이라도 '그렇지 않은 편이다'가 나오면 그 부분이 부족한 것이기 때문에, 제시된 학습내용과 교재의 Chaptor를 참조해 해당하는 내용을 학습하도록 한다.

CONTENTS

Part 01 조직이해능력

Chapter 01. 조직이해능력의 이해

Part 02 경영이해능력

Chapter 02. 경영의 이해

Chapter 03. 경영전략

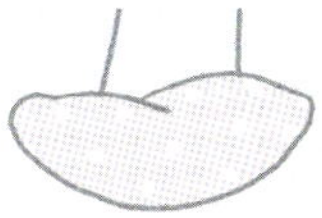

CONTENTS

사전평가

체크리스트

직업기초능력으로서 조직이해능력을 학습한 것을 토대로 다음 표를 이용해 자신의 수준에 해당하는 칸에 ○ 표 해보세요.

구분	문항	매우 미흡	미흡	보통	우수	매우 우수
Part 1 조직이해 능력	1. 나는 내가 속한 조직들을 나열할 수 있다.	1	2	3	4	5
	2. 나는 조직이해의 필요성을 설명할 수 있다.	1	2	3	4	5
	3. 나는 내가 속한 조직의 유형을 구분할 수 있다.	1	2	3	4	5
	4. 나는 경영이해능력의 중요성을 설명할 수 있다.	1	2	3	4	5
	5. 나는 경영자의 역할을 구분할 수 있다.	1	2	3	4	5
	6. 나는 체제이해능력의 중요성을 설명할 수 있다.	1	2	3	4	5
	7. 나는 조직체제의 구성요소를 구분할 수 있다.	1	2	3	4	5
	8. 나는 업무이해능력의 중요성을 설명할 수 있다.	1	2	3	4	5
	9. 나는 환경이 조직에 미치는 영향을 설명할 수 있다.	1	2	3	4	5
	10. 나는 국제감각의 중요성을 설명할 수 있다.	1	2	3	4	5
	11. 나는 조직변화 전략을 수립할 수 있다.	1	2	3	4	5
	12. 나는 조직과 나의 관계를 설명할 수 있다.	1	2	3	4	5
Part 2 경영이해 능력	1. 나는 내가 속한 조직의 경영 구성요소별 특징을 설명할 수 있다.	1	2	3	4	5
	2. 나는 내가 속한 조직의 경영 과정을 설명할 수 있다.	1	2	3	4	5
	3. 나는 내가 속한 조직의 의사결정 과정을 설명할 수 있다.	1	2	3	4	5
	4. 나는 효과적으로 집단의사결정에 참여할 수 있다.	1	2	3	4	5
	5. 나는 내가 속한 조직의 경영전략을 설명할 수 있다.	1	2	3	4	5
	6. 나는 경영전략 추진과정을 설명할 수 있다.	1	2	3	4	5
	7. 나는 경영전략 유형을 구분할 수 있다.	1	2	3	4	5
	8. 나는 경영참가제도의 유형을 구분할 수 있다.	1	2	3	4	5

구분	문항	매우 미흡	미흡	보통	우수	매우 우수
Part 3 체제이해 능력	1. 나는 내가 속한 조직의 목표를 설명할 수 있다.	1	2	3	4	5
	2. 나는 다양한 조직목표를 분류할 수 있다.	1	2	3	4	5
	3. 나는 전체 조직구조에서 나의 위치를 확인할 수 있다.	1	2	3	4	5
	4. 나는 내가 속한 조직구조의 특징을 설명할 수 있다.	1	2	3	4	5
	5. 나는 조직문화의 기능을 설명할 수 있다.	1	2	3	4	5
	6. 나는 내가 속한 조직문화 유형의 특징을 설명할 수 있다.	1	2	3	4	5
	7. 나는 내가 속한 집단의 특징을 설명할 수 있다.	1	2	3	4	5
	8. 나는 내가 속한 집단과 다른 집단 간의 관계를 설명할 수 있다.	1	2	3	4	5
Part 4 업무이해 능력	1. 나는 내가 속한 조직의 업무를 분류할 수 있다.	1	2	3	4	5
	2. 나는 주어진 업무의 특성을 설명할 수 있다.	1	2	3	4	5
	3. 나는 조직의 업무지침을 설명할 수 있다.	1	2	3	4	5
	4. 나는 주어진 업무를 수행하는 데 활용할 수 있는 자원을 설명할 수 있다.	1	2	3	4	5
	5. 나는 업무수행 시트를 작성할 수 있다.	1	2	3	4	5
	6. 나는 나의 업무수행의 방해요소를 나열할 수 있다.	1	2	3	4	5
	7. 나는 조직 내 갈등을 효과적으로 관리할 수 있다.	1	2	3	4	5
	8. 나는 업무스트레스를 효과적으로 관리할 수 있다.	1	2	3	4	5
Part 5 국제감각	1. 나는 직장생활에서 국제적 식견과 능력이 필요한 이유를 설명할 수 있다.	1	2	3	4	5
	2. 나는 다른 나라 고유의 문화를 인정할 수 있다.	1	2	3	4	5
	3. 나는 이문화 커뮤니케이션의 종류를 구분할 수 있다.	1	2	3	4	5
	4. 나는 국제동향을 파악하는 방법을 설명할 수 있다.	1	2	3	4	5
	5. 나는 전공과 관련된 국제적인 법규와 규정의 중요성을 설명할 수 있다.	1	2	3	4	5
	6. 나는 전공과 관련된 국제동향을 파악할 수 있다.	1	2	3	4	5
	7. 나는 외국인의 문화를 고려하여 적절히 인사할 수 있다.	1	2	3	4	5
	8. 나는 외국인의 문화를 고려하여 식사예절을 갖출 수 있다.	1	2	3	4	5

☑ 평가 방법

체크리스트의 문항별로 자신이 체크한 결과를 아래 표를 이용해 해당하는 개수를 적어봅니다.

학습모듈	점수	총점	평균(총점 / 문항 수)	교재(Chapter)
Part 1 조직이해능력	1점 × (　　)개		총점 / 12 = (　　)	Chapter 1
	2점 × (　　)개			
	3점 × (　　)개			
	4점 × (　　)개			
	5점 × (　　)개			
Part 2 경영이해능력	1점 × (　　)개		총점 / 8 = (　　)	Chapter 2, 3, 4
	2점 × (　　)개			
	3점 × (　　)개			
	4점 × (　　)개			
	5점 × (　　)개			
Part 3 체제이해능력	1점 × (　　)개		총점 / 8 = (　　)	Chapter 5, 6
	2점 × (　　)개			
	3점 × (　　)개			
	4점 × (　　)개			
	5점 × (　　)개			
Part 4 업무이해능력	1점 × (　　)개		총점 / 8 = (　　)	Chapter 7, 8, 9
	2점 × (　　)개			
	3점 × (　　)개			
	4점 × (　　)개			
	5점 × (　　)개			
Part 5 국제감각	1점 × (　　)개		총점 / 8 = (　　)	Chapter 10, 11
	2점 × (　　)개			
	3점 × (　　)개			
	4점 × (　　)개			
	5점 × (　　)개			

평가 결과

평가 수준이 '부족'인 학습자는 해당 학습모듈의 교재 파트를 참조해서 다시 학습하도록 한다.

모듈별 평균 점수
3점 이상 : 우수
3점 미만 : 부족

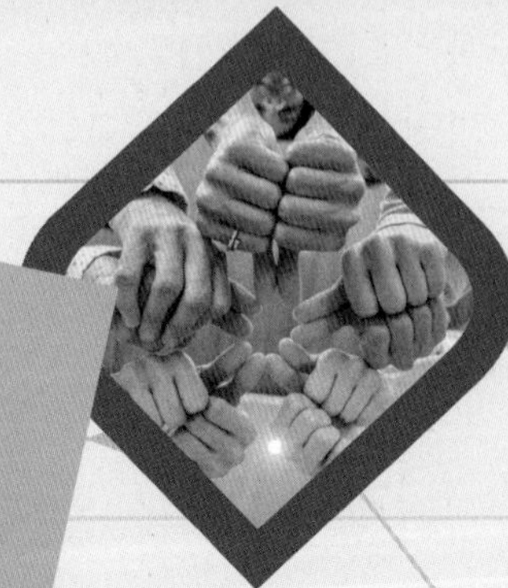

조직이해능력

Contents

1
PART

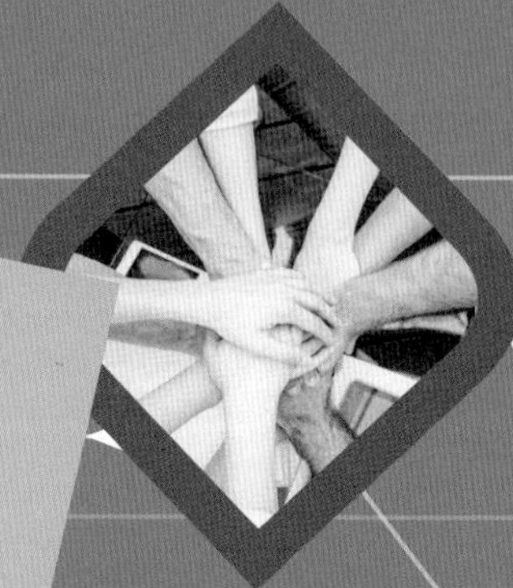

조직이해능력의 이해

Contents

1. 조직이해능력의 의미와 중요성
2. 조직의 개념과 특징

Learning Objectives

1. 조직이해능력의 의미를 설명할 수 있다.
2. 조직이해능력의 중요성을 설명할 수 있다.
3. 조직의 개념을 설명할 수 있다.
4. 조직의 특징을 설명할 수 있다.

1 Chapter

이야기 속으로 ...

신입사원 46%, 재직 중인 회사 '실망스럽다'

2017년 8월 9일 취업 포털 업체인 잡코리아에 따르면 최근 입사 1년 미만인 신입사원 457명을 대상으로 '회사 만족도'에 관한 설문조사를 실시한 결과, 응답자의 46.8%가 '현재 재직 중인 회사가 실망스럽다'고 답했다. 이어 '보통이다'(41.4%), '만족스럽다'(11.8%)에 그치면서 대부분 부정적인 답변을 내놨다. 신입사원들에게 '회사에 실망을 느낀 이유'를 묻자(*복수응답), '생각했던 것과 다른 복지제도, 근무환경'이 50.9%로 1위에 올랐다.

요즘 취업대란이란 이슈와 어울리지 않게, 신입사원의 30%가 1년 이내 퇴사한다는 기사가 나오고 있다. 위 기사와 같이 그 의견을 들어보면, 입사 전 생각했던 것과 다른 복지제도와 근무환경에 거의 절반에 가깝게 실망한다는 답변이다.

회사는 다양한 직무와 그 직무에 따른 근무환경이 자연스럽게 뒤따르게 된다. 물론 공통된 근무조건과 규정이 있다. 하지만 조직은 고객 만족과 이윤창출에 따르는 사회적 기여를 해야 하는 대단위의 조직이기 때문에, 각 개인의 작은 부분까지 배려하는 것은 쉽지 않다. 따라서 조직은 다양한 테스트와 교육을 통해 각 개인의 적성에 맞게 배치하고자 노력한다. 또한 일의 종류와 수준에 따라 직무를 나누고, 직무에 따른 과업을 부여한다. 내가 만약 생산라인의 관리파트 직무에 배치된다면, 근무하는 장소와 함께 일하는 동료는 내가 선택할 수 없다. 본사에서 교육만 받다가, 실무에 배치되면 "내가 공장밥 먹을려고 이렇게 노력했나?" 싶은 심정일 수도 있다. 하지만 조직은 수십여 개의 직무가 있고, 한 직무에만 한정되어 일하기보다 다양한 직무를 경험하며, 나의 강점을 발휘할 수 있는 공간이기도 하다. 따라서 신입사원의 입장에서 좀 더 다양한 관점으로 조직에 대한 이해가 필요하겠다.

1. 다음은 무엇에 대한 설명인가?

> 조직의 목적과 목표달성을 위해 조직의 특성을 이해하고, 실제 조직생활에서 적용할 수 있는 지식, 기술, 태도를 함양하는 능력

① 대인관계능력　　② 의사소통능력
③ 조직이해능력　　④ 체제이해능력

2. 다음 중 조직이해능력을 높이기 위한 하위요소가 아닌 것은?

① 경영이해능력　　② 국제감각
③ 업무이해능력　　④ 생산관리

3. 현대사회는 기업이라는 조직체가 중심적인 존재로 위치하여 그 기능과 역할을 수행한다. 따라서 이를 무엇이라고 하는가?

① 기업사회　　② 고객중심경영
③ 매트릭스 조직　　④ 사업부 조직

1. 조직이해능력의 의미와 중요성

(1) 조직이해능력의 의미

조직의 목적과 목표달성을 위해 조직의 특성을 이해하고, 실제 조직생활에서 적용할 수 있는 지식, 기술, 태도를 함양하는 능력

많은 대학생들이 스펙이 취업의 만능열쇠라는 잘못된 믿음에 사로 잡혀 있다. 하지만 기업들은 스펙 속에 가려진, 보이지 않는 소양, 즉 조직에 얼마나 잘 적응할 것인지를 찾아내려 안간힘을 쓴다. 앞선 사례를 보더라도 시종일관 끊이지 않는 사회 이슈 중에 하나가 신입사원 퇴사율이 여전히 높다는 것이다. 그만큼 조직을 이해하고 적응하는 것이 만만치 않다는 것을 보여주는 단상일 것이다.

여러분이 이 세상에 하나뿐인 그릇이라고 가정해 보자. 그릇의 겉만 열심히 광내면서 다른 그릇보다 조금 더 빛난다고 좋은 그릇이라고 말할 수 있겠는가. 조직이해능력은 조직의 특성을 이해하고, 실제 이를 적용하기 위한 지식, 기술, 태도를 함양하는 것을 말한다. 그러므로 조직이해능력은 조직생활을 하기 위해 갖추어야 할 기본적인 능력이라 할 수 있다.

조직이해능력은 조직이란 무엇인지, 그 조직의 구성원이 모여 어떠한 경영활동을 해야 하는지, 체제는 어떠한지, 자신이 맡은 업무를 어떻게 수행해야 하는지, 글로벌 시대에 갖춰야 할 국제감각은 무엇인지를 설명하고 이해할 수 있는 능력을 의미한다. 따라서 한국산업인력공단에서는 이를 총 4가지로 경영이해능력, 체제이해능력, 업무이해능력, 국제감각의 4개 하위능력으로 구분하고 있다.

(2) 조직이해능력의 중요성

조직에 대한 이해도가 높은 사람은 조직 적응력이 높고, 선배사원들과 자연스럽게 융화되어 결국 업무성과도 높아진다. 이와 반대로, 조직에 대한 이해도가 낮은 사람은 조직

부적응을 초래하고, 곧 자신감 상실로 이어져 퇴사라는 악순환의 고리를 밟게 된다. 이와 관련하여 박소연(2012)은 30위 내 대규모기업집단 중 5개 기업을 대상으로 신입사원의 조직사회화 장애요인에 대해 연구를 진행하였다.

신입사원의 경우 실제 자신의 업무수행능력은 부족함에도 불구하고 조직과 업무에 대한 기대치가 높은 편이다. 따라서 초기에 담당하게 되는 단순하고 일반적인 업무수행 과정에서 회의감과 상실감을 느끼게 된다. 본인이 동경해왔던 조직의 이미지, 전문적인 업무와는 다른 현실로 인해, 최악의 경우 이직까지 결심하기도 한다. (박소연, 2012)

학교와 회사는 전혀 다른 조직이다. 지금까지는 내가 공부를 안하면 그로 인한 학점은 내가 오롯이 그 결과를 받아들이기만 하면 되었다. 하지만 회사는 나와 우리 팀의 결과가 우리 조직 전체에 그 영향을 끼치게 된다. 또한 또래 세대만이 존재하는 것이 아닌 다양한 세대와 의사소통을 하며 업무를 수행해야 하는 등 기존과 다른 높은 수준의 내적 갈등을 겪게 된다. 이러한 내적 갈등은 개인의 직무 불만족과 조직문화 부적응으로 이어지게 된다. 따라서 이와 같은 내적 갈등을 조기에 해결하기 위해서는 조직에 대한 폭넓은 이해가 필요하다.

Level up Mission Step 1

우리가 직장생활에서 조직이해능력이 필요한 이유는 무엇일까?

사 례

신입사원의 조직부적응, 무엇이 문제인가

대기업의 신입사원이 입사 초기에 조직에 적응하며 겪게 되는 경험을 분석함으로써, 그들이 초임 시절에 무엇을 경험하고 그로 인해 어떤 어려움을 겪는지에 대한 연구결과가 있어 그 사례를 통해 조직이해능력을 이해해 보고자 한다.

연구 결과 사람들과의 관계, 일하는 방식, 조직문화에의 적응 측면에서 신입사원의 조직사회화 과정에서의 장애요인이 나타났다. 주요 결과는 다음과 같다.

- 첫째, 사람들과의 관계 측면에서 신입사원들은 인간관계에서의 적극성과 주도성의 균형점을 찾는 데 어려움을 겪고 있으며, 커뮤니케이션 방식 및 태도로 인해 선배와의 갈등을 경험하고 있다.
- 둘째, 일하는 방식의 측면에서 신입사원들은 학교에서 배운 이론과 현장의 실제와의 차이로 인한 혼란을 겪고 있으며, 좁은 시야의 업무처리로 인한 어려움을 경험하고 있다.
- 셋째, 조직에의 적응 측면에서 신입사원들은 회사라는 문화에의 적응에 어려움을 겪고 있으며, 특히 조직에 기대했던 이상과 현실 간의 차이로 인한 내적 갈등을 경험하고 있다.

[출처] 박소연 〈대기업 신입사원 조직사회화의 장애요인 탐색〉 한국산업교육학회 2012, 3월호, p.71

2. 조직의 개념과 특징

(1) 조직의 개념

조직이란 공동의 목적을 이루기 위해 함께 일하는 사람들, 즉 구성원의 합이다. 따라서 조직의 가장 중요한 목표를 달성하기 위해 각 팀과 개인이 상호작용을 하며, 목표를 향해 함께 나아간다. 현대사회는 기업이라는 조직체가 중심적인 존재로 위치하여 그 기능과 역할을 수행하고 있기 때문에 이 사회를 가리켜 기업사회라고도 부르고 있다. 현대 기업이 가지고 있는 조직으로서의 세 가지 공통점은 다음과 같다.

첫째, 모든 조직은 공동으로 추구하는 목표가 있다. 공동의 목표를 추구한다는 것은 조직 내의 여러 개인들 간의 목표에 대한 견해 차이에 관계없이 조직이 전체적으로 추구하는 목표가 있다는 것을 의미한다. 조직 목표와 개인 목표의 양립가능성을 추구하지만 조직 전체의 목표는 개인의 목표에 우선한다.

둘째, 조직이란 여러 사람들의 집합체이다. 어떠한 목적이나 목표도 저절로 달성될 수는 없다. 목적을 수립하고 그 목표를 달성하기 위해 다양한 활동을 할 사람들을 필요로 한다. 따라서 조직은 하나의 사회적 실체로서 이해되어야 한다.

셋째, 모든 조직은 그 구성원의 행위를 규정하고 제한하는 체계적 구조를 개발한다. 조직 내에는 구성원들이 수행해야 하는 여러 가지 역할과 지위들이 존재하며 이러한 역할과 지위들은 조직의 목표를 달성할 수 있도록 체계적으로 설정되어야 한다.

조직은 기업의 목적을 1차적으로 달성해야 한다. 기업의 목적은 설립이유이자 경영철학과 맞물리기 때문이다. 목적 없이 100m 단거리 질주만을 위한 단기간의 목표달성에만 집중하면 기업의 설립이유, 즉 존재이유를 망각하게 된다. 따라서 조직은 목적 달성이 최우선이며, 이를 실행하기 위한 전략과 목표를 수립한다.

조직은 기업의 목적을 달성하기 위해 조직을 세분화 및 구조화하여, 각 구성원에게 할당한다. 따라서 조직이란 조직의 목적달성을 위해 수행하는 구성원의 집합체라 정의할 수 있다.

(2) 조직의 특징

조직은 자원(각 부서의 인력, 예산 등)을 배분하고 직무를 할당하여 조직의 목표를 달성하기 위한 절차를 구축하는 활동을 하는데, 이를 조직화라고 한다. 조직화를 하기 위한 조직의 주요 원칙에 대해 알아보자.

① 분업화의 원칙

업무를 분업화하고, 각 구성원은 단일한 특정의 업무를 담당함으로써 경영활동의 효율성을 증진시키자는 원칙이다.

② 조정의 원칙

조직이 추구하는 공동의 목표를 원활히 달성하기 위하여 구성원 간의 업무수행을 질서정연하게 배정하는 원칙이다.

③ 기능화의 원칙

경영조직의 합리화를 위하여 인간 중심이 아니라 과업을 중심으로 조직이 형성되어야 한다는 원칙이다.

④ 책임과 권한의 원칙

조직과 구성원들이 직무를 분담함에 있어, 각 직무 사이의 상호관계를 명백히 해야 한다. 이는 각 직무에 관한 명확한 책임과 일정한 권한이 부여되어야 한다는 것을 의미한다.

⑤ 삼면등가의 원칙

수행하는 직무를 명확히 하기 위하여 책임, 권한, 의무의 세 부분이 대등해야 한다는 원칙이다.

책임(責任)	직무의 책임사항으로 직무의 담당자가 하지 않으면 안 될 활동
권한(權限)	명령한다든가 행위를 할 수 있는 권리로 조직에 있어 책임을 공정하게 수행해 낼 수 있는 힘
의무(義務)	직무수행결과에 대한 책임이며, 책임과 권한을 행사하는 의무

⑥ 명령일원화의 원칙

한 구성원은 한 사람의 상사 또는 정해진 몇몇의 상사로부터 명령과 지시를 받아야 한다는 원칙이다. 각자가 직무를 수행할 경우 그 구체적인 명령이 수시로 전달되어 오는데 명령을 받은 사람이 혼란을 일으키지 않기 위해서는 될 수 있는 대로 한 사람으로부터 전달받도록 해야 한다.

⑦ 통제범위의 원칙

한 사람의 장이 직접 지휘, 감독할 수 있는 하급자의 수는 일정한 한계가 있다는 원칙이다. 감독의 폭이 너무 넓으면 커뮤니케이션이 잘 되지 않는다. 따라서 지휘, 감독이 곤란하게 되어 능률은 저하되고 관리는 실패하기 쉽다. 반대로 부하의 수가 지나치게 적으면 감독이나 지휘는 용이하게 할 수 있으나, 많은 경영층이 형성되어 조직은 관료화되고 업무의 효율성이 떨어진다.

사 례

건강한 조직을 만드는 3가지 힘 '결집 · 실행 · 적응'

세계보건기구(WHO)는 건강이란 '단순히 질병이 없고 허약하지 않은 상태만을 의미하는 것이 아니라 정신적 · 육체적 · 사회적으로 안녕한 상태'라고 규정한다. 마음과 몸 그리고 관계가 평안해야 진정으로 건강한 사람이라는 것이다.

건강한 사람은 올바른 생각을 하고 심리적으로 안정돼 있을 뿐만 아니라 즐거운 상태에 있다. 육체적으로는 튼튼하고 기운차며 면역력이 강해 외부에서 균이 침투해 들어와도 이겨낼 수 있고 사회적으로는 주변 사람들과 원만하고 긍정적 관계를 맺는다.

◆ 기업의 건강도 인간과 마찬가지

그렇다면 어떤 기업이 건강할까. 세계적 컨설팅 회사 맥킨지의 파트너인 켈러와 프라이스는 이 문제를 파고들었다.

그들은 전 세계 500개 이상 기업의 임직원 60만 명을 대상으로 10년 이상 심층 조사해 지속적으로 탁월한 성과를 내는 건강한 조직을 만드는 비결을 밝혀냈고, 그 결과를 '성과를 넘어서(Beyond Performance)'라는 책에 소개했다.

이들에 따르면 건강한 조직은 다음과 같은 3가지 특성을 갖고 있다.

- 첫째, '내부적 한 방향화(internal alignment)'다. 구성원들이 의미를 느끼는 비전을 공유하고 있고 목표를 달성하는 데 도움이 되는 조직문화가 구축돼 있다.
- 둘째, '수준 높은 실행(quality of execution)'이다. 구성원들이 탁월한 실행에 필요한 역량과 동기를 갖추고 있고 구성원들의 역할과 책임을 명확히 규정하고 관리하는 시스템이 구축돼 있다.
- 셋째, '쇄신 능력(capacity for renewal)'이다. 외부 환경에 대한 이해를 바탕으로 이해관계인들과 상호작용해 관계를 구축하고 적응하는 능력을 갖추고 있다.

[출처] 한경비즈니스, 〈건강한 조직을 만드는 3가지 힘 '결집 · 실행 · 적응'〉, 2016.10.10. 발췌

Level up Mission Step 2

아래 1번부터 4번까지의 사례를 통해 조직의 특징 중 어떤 원칙에 해당하는지 작성해 보자.

① 김팀장은 하반기 팀 목표 달성을 위해 팀원들의 업무량에 따라 개인별 업무 및 목표를 재조정하였다.

② 올해부터 팀 내 소통을 원활히 하고, 차기 리더 육성을 위해 리더십을 발휘할 기회를 제공하고자 소팀제를 운영하기로 하였다.

③ 올해 인사팀에서는 직무분석을 통해 책임과 권한 등 직무기술서를 명확히 하여 정비하고, 이를 각 부서에 배포하였다.

④ 재무팀에 강과장이 퇴사하여, 타 부서에 회계사 혹은 세무사 공부를 한 경험이 있거나 혹은 관련 자격증을 보유한 직원을 내부 공모를 통해 충원하였다.

사례	원칙
①	예) 조정의 원칙
②	
③	
④	

학습평가 Quiz

1. 다음 중 괄호 안에 들어갈 적당한 말은?

> (　　)이란 공동의 목적을 이루기 위해 함께 일하는 사람들, 즉 구성원의 합이다. 따라서 조직의 가장 중요한 목표를 달성하기 위해 각 팀과 개인이 상호작용을 하며, 목표를 향해 함께 나아간다.

① 조직　② 경영　③ 조직화　④ 원칙

2. 다음은 무엇에 대한 설명인가?

> 업무를 분업화하고, 각 구성원은 단일한 특정의 업무를 담당함으로써 경영활동의 효율성을 증진시키자는 원칙이다.

① 조정의 원칙　② 명령일원화의 원칙
③ 분업화의 원칙　④ 삼면등가의 원칙

3. 다음은 무엇에 대한 설명인가?

> 명령한다든가 행위를 할 수 있는 권리로 조직에 있어 책임을 공정하게 수행해낼 수 있는 힘

① 권한　② 책임　③ 의무　④ 지시

4. 다음은 조직화를 하기 위한 주요 특징 중 어떤 원칙에 대한 설명인가?

> 김팀장은 올해 효율적인 팀 운영을 통해 팀원 개개인의 강점과 역량에 따라 채용담당, 교육담당, 평가담당, 급여담당으로 업무를 분업화하였다.

( )

5. 조직의 3가지 공통점은 무엇인가?

①

②

③

학습내용 요약 Review (오늘의 Key Point)

1. 조직이해능력이란 조직의 목적과 목표달성을 위해 조직의 특성을 이해하고, 실제 조직생활에서 적용할 수 있는 지식, 기술, 태도를 함양하는 능력을 말한다.
2. 조직이해능력은 ① 경영이해능력, ② 체제이해능력, ③ 업무이해능력, ④ 국제감각의 4가지 하위영역으로 구성되어 있다.
3. 조직의 3가지 공통점은 ① 모든 조직은 공동으로 추구하는 목표가 있다. ② 조직이란 여러 사람들의 집합체이다. ③ 모든 조직은 그 구성원의 행위를 규정하고 제한하는 체계적 구조를 개발한다.
4. 기업은 조직화를 하기 위해 ① 분업화의 원칙, ② 조정의 원칙, ③ 기능화의 원칙, ④ 책임과 권한의 원칙, ⑤ 삼면등가의 원칙, ⑥ 명령일원화의 원칙, ⑦ 통제범위의 원칙이 필요하다.

스스로 적어보는 오늘 교육의 메모

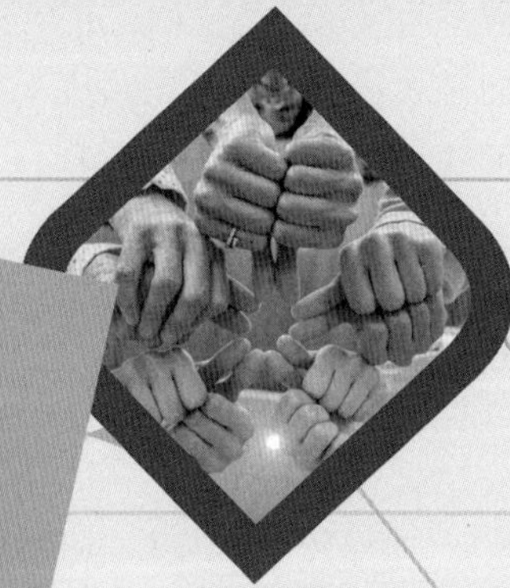

경영이해능력

Contents

2
PART

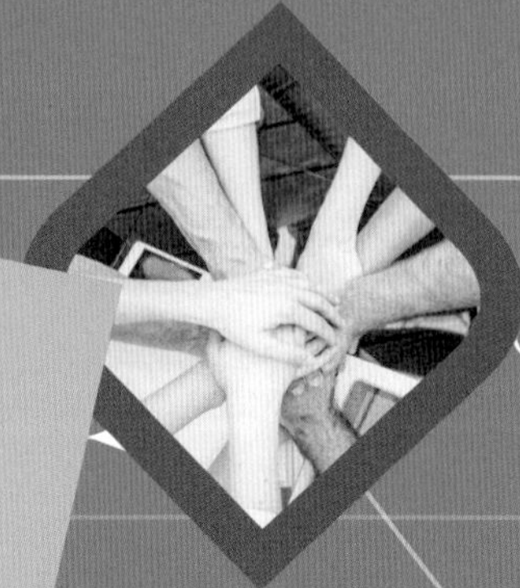

경영의 이해

Contents

1. 경영의 이해와 기능
2. 동기부여와 리더십

Learning Objectives

1. 경영의 개념과 기능을 설명할 수 있다.
2. 동기부여의 다양한 이론을 설명할 수 있다.
3. 리더십의 개념과 유형을 설명할 수 있다.

2
Chapter

이야기 속으로 ...

위대한 경영의 12가지 요소

갤럽은 1백만여 명에 이르는 피고용자들과의 인터뷰 내용을 수록한 데이터베이스를 분석하고 지난 수십 년간 사용해 온 수많은 질문들, 그리고 각 사업단위별 실적에 영향을 미치는 다양한 변수들을 분석하기 위해 사회과학자들로 팀을 구성했다. 그리하여 철저한 데이터 분석을 통해, 피고용자들의 업무 수행에 긍정적인 동기를 유발하는 요인을 밝히는 데 가장 적합한 질문 양식을 가려냈다. 또한 피고용자들과 고용주 사이의 묵시적인 사회적 계약의 본질을 바탕으로 윤택한 직장생활을 위한 12가지 요소를 정리했다. 방대한 조사를 통해 추출해 낸, 위대한 경영의 12가지 요소는 다음과 같다.

1. 회사에서 나에게 무엇을 기대하는지 알고 있다.
2. 업무에 필요한 재료와 장비를 갖추고 있다.
3. 능력을 펼칠 기회가 충분히 자주 있다.
4. 지난 일주일간, 업무성과에 대해 인정과 칭찬을 받았다.
5. 나의 발전을 후원하는 사람이 있다.
6. 나를 진심으로 배려하는 누군가가 있다.
7. 내 의견이 비중 있게 반영된다.
8. 회사의 목적이 내 업무의 가치를 높여준다.
9. 팀원 모두가 훌륭한 실적을 위해 최선을 다한다.
10. 회사에 최고의 친구가 있다.
11. 지난 6개월간, 나의 발전에 관심을 보인 사람이 있다.
12. 지난 1년간, 배우고 성장할 기회가 많이 있었다.

이 12가지 요소의 이면에는 일과 인간 본성에 대한 근본적인 진리가 숨어 있다. 본 챕터에서는 경영이란 무엇인지, 그리고 경영에서 필요한 동기부여와 리더십은 무엇인지 학습해 보고자 한다.

사전진단. Self Check

1. 다음은 무엇에 대한 설명인가?

> OO이란 비전, 목적, 방향을 먼저 정한 후에, 그것을 달성할 수 있는 조건을 정비하고, 그 조건에 부합하는 행동을 구체적으로 일으키도록 돕는 것이다.

① 전략　② 경영　③ 조직　④ 조정

2. 다음 중 경영의 기능이 아닌 것은?

① 성과　② 관리　③ 시스템　④ 조직화

3. 1950년대에 미국의 심리학자로 동기부여 이론 중 X이론과 Y이론을 발표한 학자는 누구인가?

① 더글러스 맥그리거　② 허즈버그
③ 피터 드러커　④ 찰스 핸디

1. 경영의 이해와 기능

(1) 경영의 이해

최동석 박사는 경영의 정의에 대해 아래와 같이 정의했다.
① 경영이란 비전, 목적, 방향을 먼저 정한 후에,
② 그것을 달성할 수 있는 조건을 정비하고,
③ 그 조건에 부합하는 행동을 구체적으로 일으키도록 돕는 것이다.

패욜(Henri Fayol, 1841~1925, 프랑스)은 경영과정으로 계획, 조직화, 지시, 조정, 통제의 순환과정을 주장하였다. 미국에서는 경영과정을 계획, 조직화, 충원, 지시, 통제의 순환과정으로 인식하고 있다. 최근 우리나라에서는 경영과정을 계획, 조직화, 지시, 통제의 순환과정으로 보기도 하고, 간단히 Plan-Do-See로 정의하기도 한다.

기업 경영의 성과는 경영과정을 통해 기업이 추구하는 목적과 가치를 달성하느냐에 달려 있다. 피터 드러커 교수는 경영의 목적은 기업의 목표를 달성하기 위해, 방향을 제시하고, 경영자원을 효율화하는 과정이라고 말했다. 하지만 기업의 경영 환경은 변화무쌍하며, 그 속도는 점차 빨라지고 있다. 최근 4차 산업혁명이라는 대변혁으로 인해 사회 전반에 걸쳐 많은 변화가 일어나고 있다. 처음에는 증기기관이 발전되고, 전기와 IT 발달로 1, 2, 3차까지 진행되었다. 제4차 산업혁명은 초연결(hyperconnectivity)과 초지능(superintelligence)을 특징으로 하기 때문에 기존 산업혁명에 비해 더 넓은 범위(scope)에 더 빠른 속도(velocity)로 크게 영향(impact)을 끼친다. 이처럼 과거에는 지시, 명령, 통제, 조정 등의 경영체계로 경영을 하였으나, 최근 경영환경의 속도를 따라잡기 위해서는 경영자와 구성원 모두 외부환경 변화에 촉각을 곤두세워야 한다.

(2) 경영의 기능

① 경영의 첫 번째 기능은 '관리'이다.

경영자가 내·외부 환경분석을 통한 전략과 목표수립부터 이를 실행하는 과정에서 그 경과를 조정, 통제함으로써 경영목적을 실현하는 것이 경영의 첫 번째 기능인 '관리'이다.

② 경영의 두 번째 기능은 '조직화'이다.

경영자는 업무를 적절히 배분하고, 리더십 발휘를 통해 구성원의 동기부여를 촉진시켜야 한다. 또한 경영자는 구성원을 자극시키고 움직여서 목표에 대한 호기심을 갖도록 하는 것이 중요하다.

③ 경영의 세 번째 기능은 '시스템'이다.

경영관리를 효율적으로 하기 위해서는 시스템 개념의 경영기능이 필요하다. 기업이 하나의 시스템이라면 제조, 생산, 구매, 영업, 인사 등의 세부적 기능을 보유하게 된다. 이러한 시스템은 각 기능이 상호 유기적으로 연결될 수 있도록 시스템을 갖춰야 한다.

④ 경영의 네 번째 기능은 '마음관리'이다.

조직이 목표와 비전을 수립하고, 체계를 정비하고, 행동을 유발하도록 하는 모든 행위는 구성원들의 마음과 깊은 관련을 맺고 있다. 결국 경영이란 구성원의 마음을 사로잡아 행동을 일으키는 과정이라 할 수 있다. 왜 마음을 사로잡아야 할까? 마음이 가지 않는 일을 억지로 하면 몰입도가 떨어지고, 결국 일의 질, 결과, 생산성에도 영향을 끼치기 때문이다. 따라서 경영은 구성원의 '마음관리'라는 그 기능을 효과적으로 발휘해야 한다.

Level up Mission Step 1

당신이 경영자라면 아래 [사례] X이론과 Y이론 중에서 조직구성원을 어느 이론에 가깝게 보고 있으며, 그 이유는 무엇인지 적어보자.

사 례

X이론과 Y이론

1950년대에 미국의 심리학자 더글러스 맥그리거는 조직구성원에 대한 가정과 전제를 두 종류로 구분했다.

X이론

1. 평균적으로 사람들은 원래 게으르다. 될 수 있으면 일을 안 하려고 한다.
2. 사람들은 야망이 없고 책임지기 싫어하며 이끌려가는 것을 택한다.
3. 사람들은 원래 자기중심적이고 조직이 필요로 하는 것에 대해 관심이 없다.
4. 사람들은 원래 변화를 싫어한다.
5. 사람들은 잘 속고 똑똑하지 못하며 사기꾼과 선동정치가에게 속을 준비가 되어 있다.

따라서 다음과 같은 관리가 필요하다.

1. 관리는 경제적 이익이라는 목표 아래 자금, 물질적 수단, 장비, 인력 등 생산기업의 요소들을 조직화해야 하는 책임이 있다.

2. 사람들의 노력을 유도하고, 동기를 부여하며, 그들의 행동을 통제해서 조직의 목표에 맞게 조정해야 한다.
3. 사람들을 설득하고 보상하고, 처벌하고, 통제하고, 지도해야 한다.

Y이론

1. 사람들은 원래 조직이 필요로 하는 것에 대해 수동적이거나 저항적이지 않다. 조직에서 겪는 경험의 결과로 그렇게 되는 것이다.
2. 사람들은 동기, 잠재력, 책임감, 조직의 목표를 위해 행동할 의지를 갖고 있다. 사람들이 스스로 자신의 특성을 재정비하고 발전하도록 만드는 것이 관리의 책임이다.
3. 관리는 경제적 이익을 위해 생산적 기업의 요소를 조직하는 책임이 있으나 그 핵심과제는 사람들로 하여금 조직의 목표달성을 위한 노력을 경주함으로써 그들 자신의 목표를 달성할 수 있도록 하는 조건과 방법을 마련하는 것이다.

[출처] 더글러스 맥그리거, 〈기업의 인간적 측면 The Human Side of Enterprise〉, 1960

2. 동기부여와 리더십

(1) 동기부여의 개념과 이론

성공하는 기업이 되기 위해서는 동기부여가 잘 된 직원들이 많아야 한다. 동기란 어떠한 목표를 달성하기 위해 기꺼이 노력하고자 하는 의지라 할 수 있다. 경영심리학의 저자 파트릭 아마르는 동기의 3가지 요소를 노력의 방향, 강도, 끈질김이라고 말했다. 만약 누군가가 어떠한 목표를 달성하기로 했을 때 그 방향이 기업의 전략방향과 일치해야 한다. 그리고 그 강도와 완수하고자 하는 의지가 유지되어야 한다.

동기부여는 특히 관리자, 경영자 위치에 있을 때 많은 사람들에게 영향을 줄 수 있기 때문에 무엇보다 신중하게 다루어야 한다. 다음은 동기부여의 이론과 그 방법에 대해 살펴보자.

① 매슬로우의 욕구단계설

개인이 지닌 욕구와 동기에 관한 이론으로 가장 널리 알려진 이론이다. 심리학자 에이브러햄 매슬로우가 욕구단계설을 통해 동기이론 발전에 큰 업적을 남겼다. 인간의 욕구는 다섯 단계로 나뉘는데, 욕구의 강도에 따라 생리적 욕구, 안전욕구(보호받고 싶은 욕구), 사회적 욕구(소속되고 싶은 욕구), 존경욕구(인정받고 싶은 욕구), 자아실현욕구(성취욕구)로 나누어진다.

[그림 2-1] 매슬로우의 욕구 5단계

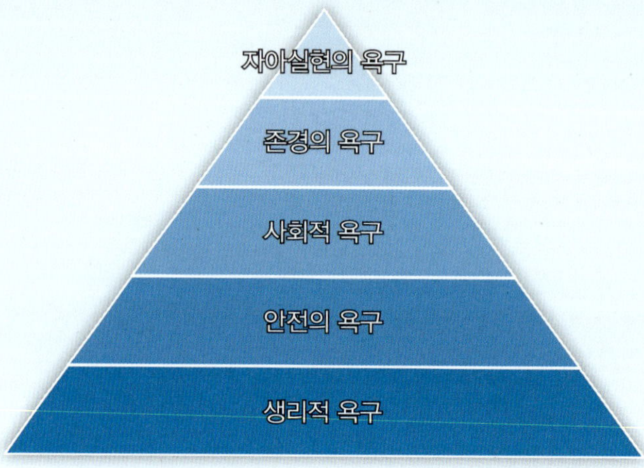

- 생리적 욕구는 삶 그 자체를 유지하기 위한 기초적인 인간의 욕구이다. 즉, 의식주에 대한 욕구와 같은 것이다.
- 안전욕구는 일단 생리적 욕구가 어느 정도 충족이 되면 신체의 위험과 생리적 욕구로부터 자유로워지려는 욕구를 말한다.
- 사회적 욕구는 인간은 사회적 존재로서 어떠한 집단에 소속되기를 바라는 욕구를 말한다. 직장과 커뮤니티에서의 활동, 이성 간의 교제 및 결혼이 이에 해당된다고 말할 수 있다.

- 존경욕구는 다른 사람으로부터 인정을 받고자 하는 욕구이다. 존경욕구가 어느 정도 충족되면 자신감과 자존감이 올라간다.
- 자아실현욕구는 지속적인 자기계발을 통해 자신의 잠재력과 강점을 극대화하려는 욕구이다. 이를 통해 자신이 바라는 이상향의 모습이 되고자 하는 욕구를 의미한다.

② 허즈버그의 2요인 이론(동기-위생 이론)

동기부여의 이론으로 또한 잘 알려진 이론 중의 하나가 미국의 심리학자 프레데릭 허즈버그의 2요인 이론이다. 2요인 이론은 조직 내 구성원들이 만족감을 느끼는 만족요인과 불만족을 느끼는 불만요인을 의미한다. 불만요인은 '위생요인'으로 불리우며, 사람들이 직무에 대한 불만족을 미리 예방할 수 있는 환경적인 조건을 뜻한다. 예를 들어, 급여, 근로조건, 회사의 정책 등 구성원이 어느 한 요소에 불만족을 느끼다가도 조건이 좋아지고, 정책이 개선되면 불만족은 제거되기 마련이다. 이것을 위생요인이라 한다. 만족요인은 '동기요인'으로 불리며, 사람들의 성취감, 책임감, 성장, 도전감 등 직무의 만족과 성과를 가져오게 하는 동기를 의미한다. 예를 들어, 직무를 수행할 때 성취감이 다소 덜 하더라도 불만은 없다. 하지만, 이것이 충족되면 업무에 더 몰입하게 되고, 적극적으로 직무를 수행할 수 있다.

(2) 리더십의 개념과 특성

리더십은 조직의 목표를 달성하기 위해 리더와 구성원 간의 행동에 영향을 미칠 수 있는 능력이라 할 수 있다. 여러 구성원 중에서 리더가 되는 사람은, 리더라고 칭송받는 사람은 과연 어떤 사람일까? 리더십은 선천적일까, 후천적일까? 다양한 질문이 꼬리를 잇는다.

〈리더십 21가지 법칙〉의 저자 존 맥스웰은 리더십은 투자와 같다고 말했다. 리더십은 매일 개발하는 것이지 하루아침에 개발되거나, 선천적으로 가지고 태어나는 것이 아니다. 장기간에 걸쳐 계속해서 리더십 개발에 투자해야만 그 능력이 축적되어 리더십이 향상된다는 것이다. 관련하여 존 맥스웰은 리더의 삶에서 다음과 같은 7가지 특성이 나타난다고 설명했다.

① 성품(Character)

진정한 리더십은 내면에서 시작된다. 구성원들이 시간이 갈수록 리더를 따르는 이유는 그 인격의 깊이를 느끼기 때문이다. 이러한 성품은 단순한 인기가 아닌, 성실성, 정직, 윤리, 배려, 책임감 등의 가치를 말한다.

② 관계(Relationship)

리더가 되려면 그를 따르는 팔로워가 있어야 한다. 구성원들과 올바른 목표와 목적의식을 가지고, 지속적인 관계를 이어나갈 때 어느 순간 리더로 우뚝 성장하게 된다.

③ 지식(Knowledge)

리더는 끊임없이 학습해야 한다. 리더는 사실을 정확하게 파악하고, 환경변화에 민감해야 하며, 구성원들에게 올바른 방향과 비전을 제시해야 한다. 그러기 위해서는 지속적인 학습과 호기심을 가지고 지식을 습득해야 한다.

④ 직관(Intuition)

리더는 수많은 데이터와 정보의 홍수 속에서도 통찰력과 직관을 발휘해야 한다. 빅데이터의 시대를 살고 있는 요즘 더없이 중요한 리더십 특성 중 하나이다.

⑤ 경험(Experience)

리더는 다양한 과거 경험을 토대로 구성원들에게 코칭과 가이드를 해야 한다. 역경과 고난을 회피했던 리더는 효과적인 리더십을 발휘할 수가 없고, 구성원들로 하여금 신뢰를 얻기 어렵다.

⑥ 과거의 성공(Past Success)

리더는 과거의 성공경험을 통해 자신감과 성취감을 쌓아왔다. 구성원은 이러한 능력 있는 리더로부터 인정받기를 원한다. 구성원은 새롭고 더 나은 시도를 하고, 위험을 감수한다. 이것은 결국 상호간의 시너지를 가져온다.

⑦ 능력(Ability)

무엇보다도 구성원들에게 가장 중요한 것은 리더의 능력이다. 궁극적으로 그것이 바로 구성원들이 리더의 이야기를 듣고, 리더로 인정하는 이유이다.

(3) 리더십의 유형

리더십의 중요한 교훈은 절대적인 리더십 유형이 존재하지 않는다는 것이다. 상황이론에서는 리더가 자신의 리더십 스타일을 상황에 맞게 또는 직원의 업무 스타일에 맞게 변형하는 것이 중요하다고 강조한다. 미국 심리학회 회장을 지냈던 찰스 오스굿 교수가 개발한 리더십 유형을 통해 상황이론을 설명하고자 한다.

찰스 오스굿은 사람 중심과 업무 중심을 세로축으로, 표출형과 은둔형을 가로축으로 하여 각기 다른 네 가지 유형의 리더십을 정의했다. 아래 그림을 통해 각 리더십 유형과 장단점에 대해 알아보자.

[그림 2-2] 찰스 오스굿이 분류한 리더십 유형 4가지

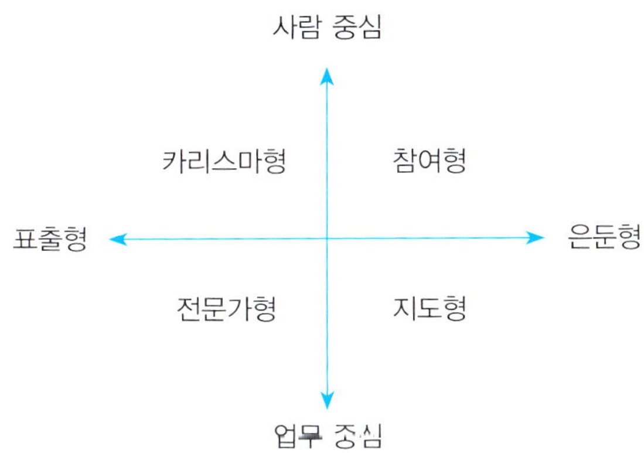

① 카리스마형 리더는 창의적이고, 열정적이며, 직원들에게 영감과 에너지를 준다. 반면에 목표달성, 관리, 프로젝트의 결과에는 관심이 적다.

② 참여형 리더는 직원들의 역량을 높여주고, 임무를 위임하여 책임감을 심어 주는 데

강점이 있다. 하지만 결단성이 필요할 때나 상대방을 실망시켜야 하는 상황을 힘들어 한다.

③ 전문가형 리더는 업무수행능력이 뛰어나서 정확하고 공정하지만, 영감을 주거나 비전을 제시하는 데 약하다.

④ 지도자형 리더는 매우 효율적이며, 까다로운 프로젝트를 관리하는 데 탁월한 능력을 보여준다. 하지만 권위적이고 참을성이 적으며, 직원들의 이야기에 귀 기울이지 않는 단점이 있다.

리더로서 자신에게 맞는 유형이 있을 것이다. 하지만 직원들의 역량 수준에 따라 리더십 유형의 유연성을 길러, 상황에 맞는 리더십을 발휘해야 한다.

Level up Mission Step 2

다음의 사례를 읽고 각각의 상황이 허즈버그의 동기/위생 요인 중 무엇과 관계되는지 작성해 보자.

사례 1

김과장은 현재 인사팀에 근무 중이다. 김과장은 인재육성 부문에 다양한 경험과 컨설팅 경력을 토대로 현재 회사에서 근무 중이며, 최근에는 해외인재육성 체계를 수립하였다. 지난 달에는 과거 경험을 토대로 책을 한 권 출간했고, 인재육성 부문 외에도 인사평가와 보상과 관련된 자격증 공부를 하고 있다. 현재 업무에 만족하고 있고, 지속적인 자기계발을 통해 해외사업부에서 역량을 펼치기 위한 비전을 그리고 있다.

사례 2

최대리는 연말 성과급이 아직 결정되지 않았는데도 벌써부터 적게 받을거라고 한탄이다. 주변 동료들과 관계형성이 적으며, 회사의 복리후생에도 불만이 많다. 팀 내 좋지 않은 인상을 줄 뿐만 아니라 다같이 팀워크를 발휘해야 할 때도 피하기 일쑤다.

김과장의 사례는 허즈버그의 동기, 위생요인 중 어떤 것에 해당할까?

최대리의 사례는 허즈버그의 동기, 위생요인 중 어떤 것에 해당할까?

사례 3

피터 드러커가 밝힌 리더의 4가지 기본 역량

피터 드러커는 "대부분의 조직은 상황에 관계없이 리드하는 사람을 필요로 한다. 중요한 것은 그가 기본 역량을 바탕으로 일을 한다는 것이다."라고 평소 주장하며, 리더가 갖추어야 할 기본적인 역량으로 다음의 4가지를 들었다.

1. 경청

첫 번째 역량은 경청이다. 리더에게 이것이 가장 필요하며 누구나 할 수 있는 일이다. "당신이 해야 할 일은 입을 다무는 것이다"라고 드러커는 역설했다.

2. 소통하고자 하는 의지

두 번째 역량은 자기 생각을 이해시키기 위해 소통하고자 하는 의지이다. "이를 위해서는 무한한 인내심이 필요하다. 이 점에 있어서는 세 살 수준을 넘지 못하므로 반복하고 반복하고 또 반복해야 한다. 그리고 자신이 의도하는 바를 보여주어야 한다."라고 강조했다.

3. 변명하지 않는 것

세 번째 역량은 변명하지 않는 것이다. 드러커는 악천후를 대비하는 리더는 일이 잘 안 되는 것에 책임을 지고, 항상 완벽한 수준을 유지하려고 한다고 했다.

4. 자신이 중요하지 않은 존재임을 인식하는 것

네 번째 역량은 과업과 비교할 때 자신이 얼마나 중요하지 않은가를 아는 것이다. 리더는 어느 정도 초연함을 지녀야 한다고 드러커는 생각했다. 즉, "그들은 자신보다 과업을 우선시한다. 그러나 자신과 과업을 동일시하지 않는다. 과업은 자신보다도 더 클 뿐 아니라 다르다."라고 말했다.

[출처] 곽숙철의 혁신이야기, 〈피터 드러커가 밝힌 리더의 4가지 기본 역량〉, 2017

학습평가 Quiz

1. 다음 중 괄호 안에 공통적으로 들어갈 말은?

> 조직이 목표와 비전을 수립하고, 체계를 정비하고, 행동을 유발하도록 하는 모든 행위는 구성원들의 (　　)와/과 깊은 관련을 맺고 있다. 결국 경영이란 구성원의 (　　)을/를 사로잡아 행동을 일으키는 과정이라 할 수 있다.

① 마음　　② 신뢰　　③ 비전　　④ 원칙

2. 다음은 매슬로우의 욕구단계설 중 어떤 욕구에 대한 설명인가?

> 지속적인 자기계발을 통해 자신의 잠재력과 강점을 극대화하려는 욕구이다. 이를 통해 자신이 바라는 이상향의 모습이 되고자 하는 욕구를 의미한다.

① 사회적 욕구　　② 존경욕구　　③ 자아실현욕구　　④ 안전욕구

3. 다음은 허즈버그의 2요인 이론 중 어떤 요인에 대한 설명인가?

> 이것은 사람들의 성취감, 책임감, 성장, 도전감 등 직무의 만족과 성과를 가져오게 하는 동기를 의미한다.

① 동기요인　　② 위생요인　　③ 학습요인　　④ 통제요인

4. 다음은 경영의 기능 중 어떤 기능에 대한 설명인가?

> 경영자는 업무를 적절히 배분하고, 리더십 발휘를 통해 구성원의 동기부여를 촉진시켜야 한다. 또한 경영자는 구성원을 자극시키고 움직여서 목표에 대한 호기심을 갖도록 하는 것이 중요하다.

5. 요즘 시대에 더욱 중요시 되고 있는 리더의 특성 중 하나로 과거보다 더 많은 정보의 홍수와 데이터 속에서 리더로서 통찰력이 매우 중요해졌다. 존 맥스웰이 말한 리더의 7가지 특성 중 이것은 무엇인가?

학습내용 요약 Review (오늘의 Key Point)

1. 경영이란 ① 비전, 목적, 방향을 먼저 정한 후에, ② 그것을 달성할 수 있는 조건을 정비하고, ③ 그 조건에 부합하는 행동을 구체적으로 일으키도록 돕는 것이다.

2. 경영자가 내·외부 환경분석을 통한 전략과 목표수립부터 이를 실행하는 과정에서 그 경과를 조정, 통제함으로써 경영목적을 실현하는 것이 경영의 첫 번째 기능인 '관리'이다.

3. 경영의 '관리', '조직화', '시스템', '마음관리'의 기능을 갖추어야 한다.

4. 조직이 목표와 비전을 수립하고, 체계를 정비하고, 행동을 유발하도록 하는 모든 행위는 구성원들의 마음과 깊은 관련을 맺고 있다. 결국 경영이란 구성원의 마음을 사로잡아 행동을 일으키는 과정이라 할 수 있다.

5. 매슬로우의 욕구단계설에서 인간의 욕구는 욕구의 강도에 따라 생리적 욕구, 안전욕구(보호받고 싶은 욕구), 사회적 욕구(소속되고 싶은 욕구), 존경욕구(인정받고 싶은 욕구), 자아실현 욕구(성취욕구)로 구분한다.

6. 허즈버그의 2요인 이론(동기-위생 이론)은 조직 내 구성원들이 만족감을 느끼는 만족요인(동기요인)과 불만족을 느끼는 불만요인(위생요인)을 의미한다.

7. 존 맥스웰은 리더의 7가지 특성으로 성품, 관계, 지식, 직관, 경험, 과거의 성공, 능력이 필요하다고 설명했다. 이것은 곧 구성원들이 리더의 이야기를 듣고, 리더로 인정하는 이유이다.

8. 리더십은 끊임없이 개발되어야 하며, 절대적인 리더십 유형이 정해져 있지 않다. 찰스 오스굿이 분류한 리더십 유형 4가지는 카리스마형 리더, 참여형 리더, 전문가형 리더, 시도자형 리더로 구분되며, 리더는 상황에 맞는 리더십 유형을 발휘해야 한다.

스스로 적어보는 오늘 교육의 메모

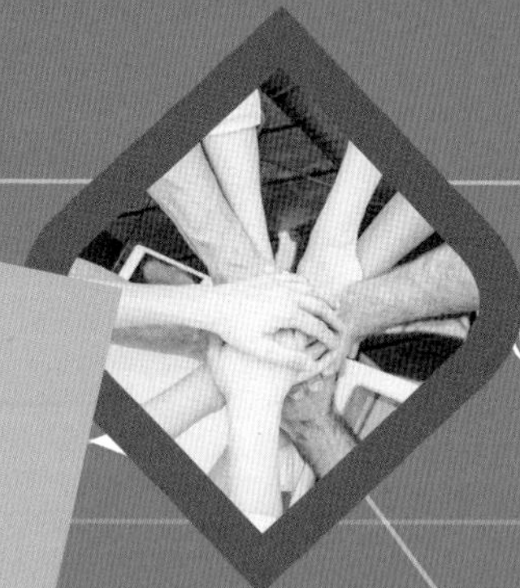

경영전략

Contents

Learning Objectives

1. 경영전략의 의미를 설명할 수 있다.
2. 경영전략의 프로세스를 설명할 수 있다.
3. BSC의 개념과 목표설정과 방법을 설명할 수 있다.
4. 성과관리 프로세스를 설명할 수 있다.

3 Chapter

이야기 속으로 ...

버버리는 어떻게 디지털 기업으로 변신했나?

안젤라 아렌츠(Angela Ahrendts)가 수장이 된 2006년 당시 버버리(Burberry)의 매출 성장률은 경쟁기업들에 비해 현저히 뒤떨어진 1~2%에 불과했다. 버버리는 혁신 측면에서나 제품 및 서비스 측면에서나 명품 시장의 신속한 발달을 따라가지 못했다. 보유 브랜드 수도 훨씬 많고 기업의 매출과 이익 측면에서도 몇 배나 더 규모가 큰 프랑스 및 이탈리아 기업들과 치열한 경쟁을 벌여야 하는 상황이었다. 이러한 흐름을 돌려놓기 위해서는 뭔가 조치를 취할 필요가 있었다.

경쟁기업들과 차별되는 버버리의 특징은 무엇일까? 첫째, 버버리는 영국 브랜드다. 둘째, 버버리는 코트에서 탄생했다. 마지막으로, 경쟁기업들은 '점심 식사를 하는 숙녀들'과 베이비부머들을 주된 타깃으로 상정했다. 훨씬 더 많은 홍보 관련 예산으로 무장한 기업들과 우리가 정면 승부를 한다면 승산이 없었다. 따라서 우리는 '밀레니얼 세대'에 초점을 맞추기로 했다.

버버리는 여러 가지 혁신적인 이니셔티브를 추진하여 성공을 거두었고, 디지털 마케팅에서 두각을 나타냈다. 공식 홈페이지인 Burberry.com을 11개국 언어로 개편했고, 페이스북을 활용한 혁신적인 프로모션을 통해 향수를 출시했다. 또한 트위터와 함께 패션쇼 실시간 중계인 '트윗워크(Tweetwalk)'를 개발했고, 구글과의 협력을 통해 사람들이 전 세계 누구에게나 자신의 '키스'를 캡처해서 전송할 수 있게 한 '버버리 키스(Burberry Kisses)' 프로젝트를 진행했다. 더 나아가 2014 가을/겨울 패션쇼 때는 중국의 소셜 미디어 플랫폼인 위챗(WeChat)과 제휴하여 다양한 모바일 콘텐츠 경험을 제공했다.

이와 동시에 버버리의 리테일 투자도 발맞추어 진행되었으며, 1년에 20~30개의 신규 매장이 생겨났다. 그렇다면 버버리는 디지털 혁신을 어떻게 활용했기에 온라인뿐만 아니라 실제 매장에서도 고객들에게 매끄럽게 다가갈 수 있었을까? 바로 여기서 버버리의 '리테일 시어터(retail-theater)' 개념이 작용했다.

오늘날 다른 어떤 매체보다도 디지털 매체를 통해 버버리 브랜드를 둘러보는 사람들의 수가 더 많다. 명품업계에서는 고객의 60%가 온라인으로 쇼핑하고 매장에서 제품을 찾아간다. 싱크탱크인 L2는 2013~2014년 2년 연속으로 버버리를 '디지털 IQ'가 가장 높은 패션 브랜드로 선정했다. 또한 버버리는 〈패스트 컴퍼니〉가 선정한 전 세계에서 가장 혁신적인 리테일 기업 1~10위에 2년 연속으로 이름을 올렸으며, 인터브랜드가 선정한 최고의 글로벌 브랜드 중 하나로 5년 연속 선정되었다.

[출처] 곽숙철의 혁신이야기 〈버버리는 어떻게 디지털 기업으로 변신했나?〉

본 챕터에서는 경영전략의 의미와 프로세스에 대해 살펴보고, 목표설정과 성과관리에 대해 학습해 보고자 한다.

사전진단. Self Check

1. 다음은 무엇에 대한 설명인가?

> 조직의 목적과 목표달성을 위해 조직 내부의 모든 기능과 활동을 통합한 종합적인 계획

① 목표관리
② 경영관리
③ 경영전략
④ 성과관리

2. 다음 중 외부환경 분석 도구인 PEST분석 중 그 의미가 아닌 것은?

① 정지적(Political) 요소
② 감성적(Emotional) 요소
③ 사회적(Social) 요소
④ 기술적(Technological) 요소

3. '균형성과지표'라는 의미로, 재무, 고객, 내부프로세스, 학습과 성장 관점의 균형적 시각에 걸친 성과지표를 무엇이라고 하는가?

① BSC(Balanced Score Card)
② BPI(Balanced Performance Index)
③ BFC(Balanced Financial Card)
④ BPC(Balanced Process Card)

1. 경영전략의 의미와 프로세스

(1) 경영전략의 의미

조직의 목적과 목표달성을 위해 조직 내부의 모든 기능과 활동을 통합한 종합적인 계획

최근 기업은 국내를 넘어 글로벌 사업을 영위하며, 그 안에서 살아남기 위한 적자생존의 다양한 전략을 펼치고 있다. 다시 말해, 시장 경제의 각축 속에서 경쟁우위를 확보하는 데 총력을 기울이고 있다. 기업은 외부환경 분석과 기업 내부분석을 통해 전략을 수립하고, 이를 각 부문의 사업계획에 반영하는데, 이를 경영전략 수립이라 한다.

다음은 전략의 5가지 원리에 대해 알아보자.

① 생존의 원리

사람들은 목표나 실행계획을 전략으로 생각하는 경향이 있다. 하지만 기업을 경영하는 경영자가 느끼는 시장은 그야말로 격렬한 전쟁터다. 기업은 단순한 계획이 아닌 생존을 위한 경쟁우위를 반드시 갖추어야 한다. 다시 말해 전략은 남들과 다르게 함으로써 더 잘할 수 있는 방법을 찾는 것이다.

② 지식의 원리

기업은 자사뿐만 아니라 고객의 니즈, 경쟁사의 강·약점을 잘 알아야 한다. 고객의 어떤 니즈를 만족시킬 것인지, 경쟁사 대비 우리는 고객에게 어떤 가치를 제공할지 고민하기 위해서는 고객과 경쟁사의 정보습득이 필요하다.

③ 기회의 원리

시장의 잠재되어 있는 기회를 파악하여 주도권을 잡아야 한다. 기업의 경쟁우위를 확보하기 위해서는 시장의 환경기회를 포착하고, 그 기회를 자사의 유리한 방향으로 이용하는 전략이 필요하다.

④ 집중의 원리

기업은 자사의 여러 핵심강점 중에서 전략적 경쟁우위가 될 만한 강점에 집중해야 한다. 기업의 내부역량과 외부환경을 분석하여 경영상의 장단점을 파악해야 한다. 그 안에서 전략적 선택안을 선정하여, 경쟁우위가 될 만한 최우선 과제(강점)에 집중해야 한다.

⑤ 일관성의 원리

결국 고객이 없이는 어떤 비즈니스도 할 수 없다. 우리의 고객은 누구이고, 고객의 니즈를 충족시킬 수 있는 가치에 대해 끊임없이 고민해야 한다. 더불어 고객의 기억 속에 강력한 무언가를 일관되게 각인시켜야 한다.

(2) 경영전략 수립 프로세스

경영전략을 수립하기 위해서 다음과 같이 4단계로 정리할 수 있다.

① 사명과 비전

기업의 사명과 비전은 우리가 어떤 사업을 하는지 활동 그 자체를 의미하는 것이 아니다. 기업의 사명이란 기업의 존재이유, 철학, 가치관을 포괄하는 개념이다. 따라서 사명은 경영의 중요한 전략적 의사결정을 하도록 도와주며, 각 사업부뿐만 아니라 개인의 업무에도 그 방향을 결정하는 중요한 잣대가 된다. 비전은 이러한 사명을 이루어 나가는 미래의 어느 시점에 구체화된 목표를 의미한다. 기업의 비전은 미래에 실현될 사업의 구체적인 모습이기 때문에 막연한 꿈과는 확연히 다르다. 〈피터 드러커의 마지막 인터뷰〉에서는 "기업의 사명, 목표 그리고 전략에 대한 이해 없이 경영자는 경영을 할 수 없고, 조직이 제대로 편성되지 않으며, 경영관리가 생산적일 수도 없다."라고 말했다. 이처럼 사명과 비전은 전략 수립에 있어 방향을 가리키는 나침반과 같다.

② 외부환경 분석

앞서 전략을 수립하기 위해서는 '지식의 원리'가 필요하다고 언급했다. 따라서 외부환경에 관한 정보를 체계적으로 수집하고, 분석해야 한다. 환경은 기업에 위협을 주기도 하고, 반대로 기회를 제공하기도 하기 때문이다. 아래 가장 많이 사용되고 있는 외부환경 분석방법인 PEST와 3C에 대해 알아보자.

사례

〈PEST 분석〉

거시환경분석(PEST) (Political, Economic, Social and Technological analysis)은 전략관리 구성요소 중 환경 파악에 사용되는 거시적 환경 요소를 묘사한다. 일부 학자들은 이 내용에 법적(Legal) 특성을 추가하여 SLEPT로 부르기도 하며 환경(Environmental) 분야를 추가하여 PESTEL 혹은 PESTLE로 칭하는데 영국에서 통용된다. 시장 조사나 전략 분석을 할 경우 특별히 거시경제 요소에서 기업이 의사결정을 내려야 할 때 사용하는 기법이다. 시장 성장과 축소, 사업 포지셔닝, 사업 방향 등을 파악하는 데 효과적인 도구이다.

PEST 분석

P 정치 **E** 경제 **S** 사회 **T** 기술

- **정치적(Political)** 요소는 정부가 경제에 간섭하는 정도이다. 특별하게는 세금, 노동법, 무역 제재, 환경법, 관세, 정치적 안정성 등을 포괄한다. 정치적 요소는 정부 차원에서 진흥하거나 제재하고자 하는 재화나 용역의 종류를 포함하기도 한다. 국가적 차원에서 중앙정부가 보건, 교육, 인프라 구축 등에 끼치는 영향을 고려한다.
- **경제적(Economic)** 요소는 경제성장률, 금리, 환율, 인플레이션 정도 등을 포함한다. 이러한 요소는 경제주체(기업)가 의사결정을 내리는 데 막대한 영향을 끼친다. 일례로 금리는 비용에 영향을 끼치기 때문에 어느 정도에서 기업이 성장하고 확대될 지를 가늠한다. 환율 또한 수출입 및 수입가격에 적잖은 영향을 끼치는 요소이다.
- **사회적(Social)** 요소는 문화적 요소와 보건인지도, 인구성장률, 연령대 분포, 직업 태도, 안전 관련 요소 등이 포함된다. 사회적 요소에 따라서 기업체의 제품과 경영방식이 영향을 받을 수도 있다. 고령인구가 많다면 노동력이 줄고 노동투입비용은 늘어날 것이다. 또한 다양한 경영전략을 세워서 중장년층 채용과 같은 사회적 변화를 반영하게 될 것이다.

• **기술적(Technological)** 요소는 R&D 활동, 자동화, 기술 관련 인센티브, 기술혁신 등을 포함한다. 위 요소는 진입장벽, 최소효용생산수준, 아웃소싱 등에 영향을 미친다. 기술직 요소는 기술투자와 품질, 비용 및 혁신에도 영향을 끼치는 요소이다.

[출처] 위키백과사전 〈PEST 분석〉

〈3C 분석〉

일본에서 유명한 전략의 대가인 Kenichi Ohmae는 성공적인 전략을 위해 '고객', '자사', '경쟁사'로 구성된 3가지 핵심요소에 집중해야 한다고 강조하며 이를 '3C' 또는 '전략삼각형'(Strategic Triangle)으로 정의하였다.

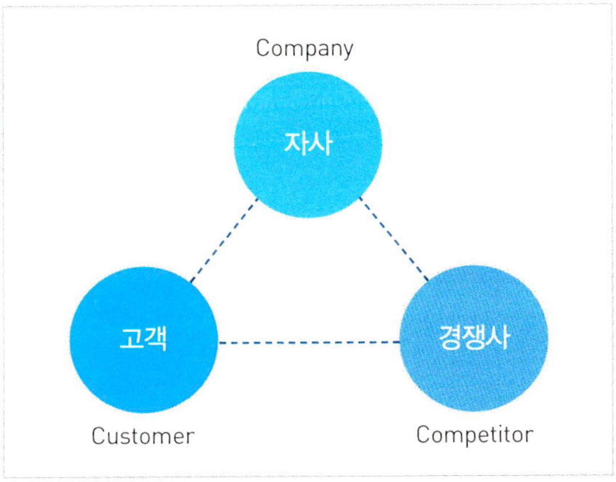

① 고객 분석, Customer

우리 회사의 제품을 주로 이용하는 고객들을 분석한다. 나이, 성별, 직업, 소득 상태, 학력, 가족 구성, 거주지, 근무지, 생활양식, 구매 및 이용 습관 등 신규고객을 지속적으로 확보하고, 기존고객을 유지하기 위한 특성을 체크한다.

② 경쟁자 분석, Competitor

우리 제품이나 서비스와 경쟁하는 기업의 상태를 분석한다. 현재 경쟁사의 시장상황 및 점유율, 전략방향, 기술력 등을 파악한다.

③ 자사 분석, Company

경쟁사를 분석했던 방식으로 우리 회사에 대해 분석한다.

③ 내부환경 분석

기업의 강·약점을 분석하는 것은 경쟁업체들과의 경쟁 위치를 파악하는 데 매우 중요하다. 내부환경 분석을 위한 도구로는 SWOT 분석을 주로 사용한다. SWOT는 강점(Strength), 약점(Weakness), 기회(Opportunity), 위협(Threat)의 머리글자를 모아 만든 단어로 경영전략을 수립하기 위한 분석도구이다. 이것은 기업 내부의 강점/약점 분석과, 기업 외부 경영환경의 기회/위협 분석으로 나뉘며, 긍정적인 면을 보는 강점과 기회 그리고 그 반대로 위험을 불러오는 약점, 위협을 저울질하는 도구이다.

사례

〈SWOT 분석〉

SWOT 분석은 기업의 내부환경을 분석하여 강점과 약점을 발견하고, 외부환경을 분석하여 기회와 위협을 찾아내어 이를 토대로 강점은 살리고 약점은 죽이고, 기회는 활용하고 위협은 억제하는 전략을 말한다.

이때 사용되는 4요소를 강점 · 약점 · 기회 · 위협(SWOT)이라고 하는데, 강점은 경쟁기업과 비교하여 소비자로부터 강점으로 인식되는 것은 무엇인지, 약점은 경쟁기업과 비교하여 소비자로부터 약점으로 인식되는 것은 무엇인지, 기회는 외부환경에서 유리한 기회요인은 무엇인지, 위협은 외부환경에서 불리한 위협요인은 무엇인지를 찾아낸다. 기업 내부의 강점과 약점을, 기업 외부의 기회와 위협을 대응시켜 기업의 목표를 달성하려는 SWOT 분석에 의한 마케팅 전략의 특성은 다음과 같다.

Internal / External	STRENGTHS	WEAKNESSES
OPPORTUNITIES	SO Strategy	WO Strategy
THREATS	ST Strategy	WT Strategy

① SO전략(강점-기회전략) : 시장의 기회를 활용하기 위해 강점을 사용하는 전략을 선택한다.
② ST전략(강점-위협전략) : 시장의 위협을 회피하기 위해 강점을 사용하는 전략을 선택한다.
③ WO전략(약점-기회전략) : 약점을 극복함으로써 시장의 기회를 활용하는 전략을 선택한다.
④ WT전략(약점-위협전략) : 시장의 위협을 회피하고 약점을 최소화하는 전략을 선택한다.

학자에 따라서는 기업 자체보다는 기업을 둘러싸고 있는 외부환경을 강조한다는 점에서 위협·기회·약점·강점(TOWS)으로 부르기도 한다.

[출처] 네이버 지식백과, 〈SWOT분석〉

④ 전략적 대안 개발

전략 수립에 있어, 내/외부 환경분석이 완료되면 경영자는 목표달성을 위한 전략적 대안을 개발해야 한다. 또한 여러 가지 대안 중에서 최적의 대안을 선택하고 이를 구체화시킬 계획도 함께 개발해야 한다. 이를 달성하기 위해 각 사업부문에서도 구체적인 실행계획을 수립한다.

Level up Mission Step 1

아래 사례를 통해 SWOT 분석에 '한샘'의 사례를 작성해 보세요.

강점	약점

기회	위협

사례

〈"고맙다, 이케아" 한샘의 역설〉

세계 1위 가구업체 이케아의 한국 직접 진출 소식이 알려진 2012년, 국내 가구업계는 위기감이 팽배했다. 전 세계 27개국에서 매장 315곳을 운영하며 연간 매출 40조원을 올리는 '가구 공룡' 이케아의 공습은 1위 기업 매출이 1조원도 안 되는 국내 가구업계를 초토화할 것이라는 우려가 많았다. 업계에서는 "대형 업체, 특히 국내 1위인 한샘의 타격이 클 것"이라고 예상했다. 실제로 작년 12월 이케아 광명점이 문을 열기 하루 전날 한샘의 주가는 급락했다.

이케아 진출이 예고되고 3년이 흐른 지금, 결과는 어땠을까. 한샘은 2013년, 2014년 2년 연속 전례 없는 성장률을 기록하며 사상 최대 실적을 달성했다. 그 전에도 회사가 성장은 했지만 성장률 10% 안팎이었다. 그러나 2013년엔 전년보다 29% 성장하며 매출 1조원을 돌파했고, 작년엔 매출 1조3,248억원에 영업이익 1,103억원을 올리며 32% 이상 성장했다.

'사람'으로 차별화

최양하 한샘 회장은 "위기가 우리를 더 강하게 만들었다."고 말했다. 이케아가 몰려온다는 위기감은 철저하게 체질을 개선하도록 만든 계기가 됐다는 것이다.

한샘은 우선 이케아와 차별화되는 스스로의 강점(强點)과 약점(弱點)부터 분석했다고 한다. 약점은 이케아를 벤치마킹해 보완하고, 이케아가 가지지 못한 강점은 더 극대화하기 위해서였다. 최양하 회장은 "우리의 강점은 '사람'이고, 약점은 생활 소품이 적고 매장이 작다는 점이라는 결론을 얻었다."고 했다.

우선 강점을 극대화하는 작업부터 시작했다. 고객이 직접 조립하는 가구를 판매하는 이케아와 달리, 한샘은 직원이 가구를 배달하고 시공까지 해준다. 내구성 소비재인 가구는 제품 자체만이 아니라 설치가 전체 품질의 50%를 좌우한다고 한다. 따라서 배송과 시공도 고객 만족의 중요한 요소라는 것. 이런 판단에 따라 한샘은 2013년 서비스 담당 조직을 CEO 직속으로 개편했다. 작년에는 1,000명을 더 채용해 영업과 물류, 시공 서비스에 투입했다. 이로써 총 5,700여 명에 달하는 영업 · 시공 · AS 인력으로 전국 네트워크를 구성해 서비스하도록 했다.

최 회장은 "우리는 이케아와 달리 부엌 · 욕실 · 마루뿐 아니라 창틀 · 조명 같은 조그만 건자재도 직접 시공해준다."며 "시공 관리를 워낙 엄격하게 하다 보니 직원들 사이에서 '한샘이 아니라 밤샘'이라는 말까지 나돌았다."고 했다.

그럼에도 배송과 시공 관련 고객 불만이 접수되면 관련 부서 담당자들이 이튿날 새벽 4시에 모여 대책을 수립한 뒤, 즉각 대응하도록 했다.

아케아에 맞선 한샘의 대응

강점 강화

1. 서비스 인력 늘려 시공 AS 서비스 강화
2. 직매장·대리점·홈쇼핑 등 유통채널 다각화
3. 온라인몰 강화해 전용 제품 내놓고 가격 인하

약점 강화

1. 직매장과 대리점 등 매장 대형화
2. 소가구·생활용품 비중 확대
3. 공장 설비 개선 등으로 원가 절감

유통 채널을 다각화한 것도 강점 극대화 전략이었다. 이케아는 대형 매장에서 모든 물건을 팔지만 한샘은 직매장과 대리점, 인테리어업체 · 건설회사 납품, 홈쇼핑 판매 등으로 유통망을 다양화했다. 특히 온라인 판매를 대폭 강화해, 전용 제품을 따로 만들어 파격적 가격에 내놓기도 했다. 이케아는 유럽 일부 국가를 제외하고는 공식 온라인몰이 없다. 최 회장은 "5단짜리 '샘' 책장은 지난해 15% 가격을 낮춰 8만5,000원에 판매했다."며 "비슷한 사양의 이케아 '빌리'보다 가격이 더 싸다."고 말했다.

홈쇼핑을 통해서도 부엌과 욕실 가구 등을 집중적으로 판매해 지난달에는 2시간 만에 50억원어치를 판매하는 기록을 세웠다.

이케아 장점도 과감하게 수용

이케아의 장점을 취해 약점을 보완하는 작업에도 나섰다. 우선 이케아에 비해 턱없이 작은 매장 규모를 확대했다. 도심에 2,000여평 규모 대형 직매장을 늘리고, 150평 안팎 대리점도 300~500평으로 늘렸다. 생활용품 비중이 50%에 이르는 이케아에 맞서기 위해 취급하는 생활용품도 크게 늘렸다. 이는 매장당 매출이 평균 3배 이상 급신장하는 결과로 나타났다.

이케아는 글로벌 소싱(sourcing · 원부자재 조달)을 통한 강력한 원가 경쟁력을 갖추고 있다. 이에 맞서기 위해 한샘도 뼈를 깎는 원가 인하에 나섰다. 생산 라인 자동화 · 표준화 수준을 크게 높이고 24시간 생산 체제를 구축했다. 또 중국과 베트남 등의 해외 납품업체도 발굴했다. 이를 통해 2013년 이후 원가를 16%나 줄였다.

최양하 회장은 "'이케아 진출'이라는 이번 위기를 한국뿐 아니라 글로벌 시장에서 위상을 더 탄탄히 하는 도약 기회로 삼을 것"이라고 말했다.

21년 동안 대표이사를 맡고 있는 최양하 회장은 1973년 대우중공업에 들어간 뒤 주변의 만류를 제치고 "사상이 되겠다."며 1979년 연매출 15억원에 불과하던 한샘에 들어갔다. 그는 "당시 한샘을 1조원 규모로 키우겠다고 하면 다들 웃었다."며 "건자재 사업에 집중하고 중국 시장에 진출하며 매출 100조원을 달성하는 게 꿈"이라고 했다.

[출처] 조선비즈 〈한샘의 반샘, 공룡 앞에서 더 강해진다〉 기사 발췌, 2015

2. BSC와 목표관리

(1) BSC의 이해와 중요성

BSC(Balanced Score Card)는 MIT대학 Kaplan & Norton 교수에 의해 1992년 하버드 비즈니스 리뷰에서 처음 소개된 개념으로, 조직의 성과는 재무, 고객, 내부프로세스, 학습과 성장이라는 4가지 관점을 중심으로 조직의 성과를 종합적이고 균형적 관점에 걸쳐 지표를 개발하고 측정하여, 조직의 지속적인 발전을 위한 성과측정시스템이다.

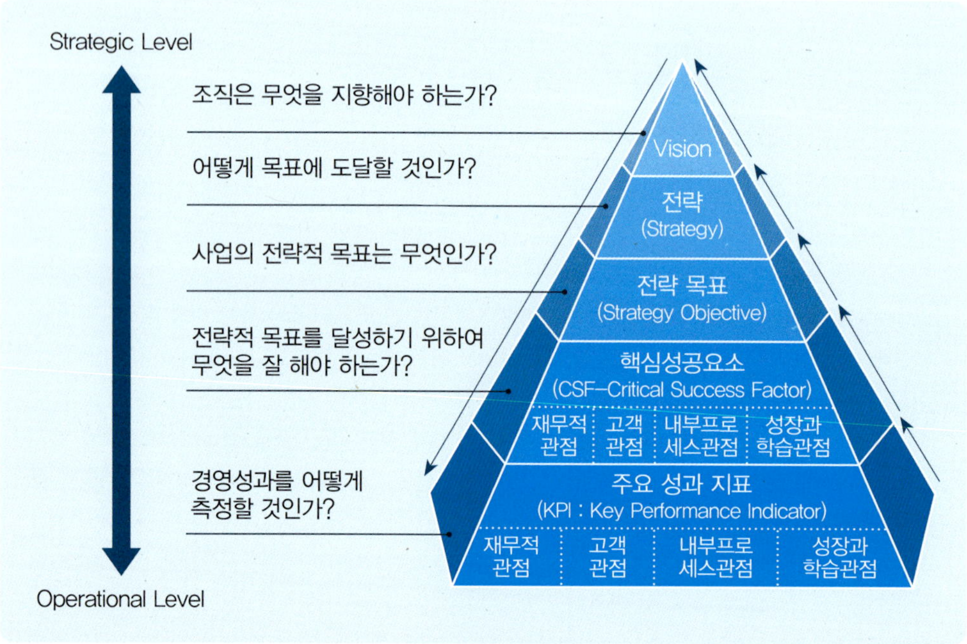

BSC는 조직의 비전, 전략, 전략목표 수립과 연계된 CSF 및 KPI 선정·설계를 수행하고, ① 재무, ② 고객, ③ 내부프로세스, ④ 학습과 성장 네 가지 관점의 균형 잡힌 성공요소 도출 및 성과측정을 함으로써, 단기적 운영관리가 균형 잡힌 성공요소에 의해 장기적 비전 및 전략과 연계될 수 있도록 하였다.

BSC 용어 정리

- **BSC(Balanced Score Card)** : '균형성과지표'라는 의미로, 재무, 고객, 내부프로세스, 학습과 성장 관점의 균형적 시각에 걸친 성과지표를 의미한다.
- **CSF(Critical Success Factor)** : BSC의 4가지 관점을 성공적으로 달성하기 위한 '핵심성공요인'을 의미한다.
- **KPI(Key Performance Indicator)** : 성과에 대한 검증과 향후 평가를 용이하게 하기 위해 측정 가능하게 계량화한 것으로 '핵심성과지표'를 의미한다.

BSC의 4가지 관점은 서로 관계가 없는 것처럼 보이지만, 성과를 균형적으로 관리한다는 측면에서 비재무적인 부분을 관리해야 결국 재무적 목표를 달성하게 된다. 기업은 이윤창출을 위해 재무적인 목표, 즉 매출, 순이익, 영업이익 등의 목표를 세우게 된다. 하지만 고객을 만족시키지 않고서는 절대로 재무적인 목표를 달성할 수 없다. 따라서 고객을 만족시키기 위한 핵심성공요인과 액션플랜을 수립해야 한다. 고객을 만족시키기 위한 활동, 고객이 현재 불만족하고 있는 것을 제거하기 위한 활동은 무엇인지 분석하여 이에 대응해야 한다. 그것이 바로 내부프로세스 관점이다. 고객 가치를 창출하기 위한, 즉 고객을 만족시키기 위해 우리가 개선해야 할 프로세스가 없는지 점검해야 한다. 그것이 물류 프로세스가 되었든, 서비스 개선 프로세스가 되었든 고객을 만족시키기 위한, 경쟁사 대비 취약한 프로세스를 끊임없이 개선해 나가야 한다. 그렇다면 내부프로세스는 누가 주도하여 개선해야 하는가? 바로 현장에 있는 구성원 모두다. 내부프로세스를 개선하기 위해서는 직원들이 타사의 벤치마킹도 해야 하고, 교육훈련도 끊임없이 해야 한다. 새로운 것을 받아들여, 새롭고 더 나은 아이디어와 혁신안을 제안해야 한다. 결국 프로세스를 개선하기 위해서는 지속적인 학습과 성장이 필요하다. BSC의 4가지 관점은 유기적으로 각 관점에 영향을 끼치기 때문에 균형적 관점에서 4가지 관점의 목표를 수립하고, 실행해 나가야 한다.

(2) 목표설성과 계획수립

목표관리란 목표를 효과적이고 효율적으로 달성하기 위한 체계적인 관리방법이다. 오디언 교수는 하급자가 담당해야 할 주요 책임영역을 상사와 부하 모두가 이해해야 한다는 것을 강조했고, 피터 드러커는 개인목표와 조직목표의 통합을 강조했다.

목표관리는 부하와 상사 간 협의에 의해 측정 가능하고, 구체적이며, 그 업적의 달성 정도를 평가하는 방법론이다. 목표란 ① 언제까지(기한) ② 어떠한 상태로 하겠다(도달수준) 라는 것을 명확하게 정리한 것을 말하며, 목표설정 프로세스는 아래와 같다.

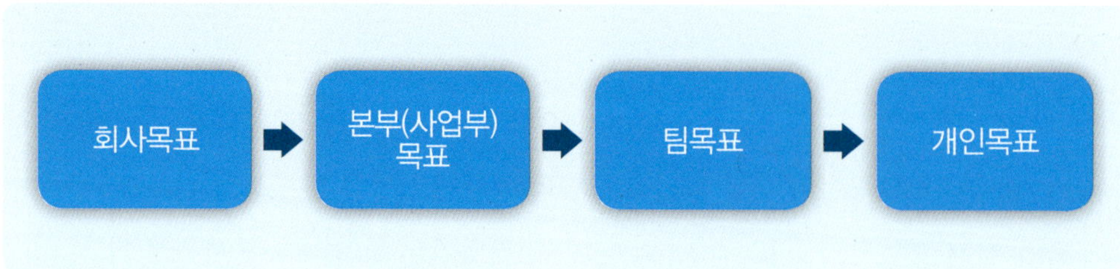

목표는 앞서 이야기했듯이, 미래의 어느 시점에 도달수준을 미리 정하는 것이라고 언급했다. 그렇다면 훌륭한 목표는 이외에 어떠한 조건들이 필요한지 알아보자.

① 구체적인 목표여야 한다.

목표는 명확하고 구체적이어야 한다. 조직 내 어느 누가 보더라도 이해할 수 있도록 간결하고, 쉽게 표현되어야 한다.

② 측정 가능해야 한다.

측정 가능하다는 의미는 마치 눈금자와 같다. 따라서 숫자로 표현되어야 한다.

③ 마감기한이 명시되어야 한다.

목표를 반기에 혹은 연말에 달성할 것인지 마감기한을 정해야 한다. 적절한 긴장감은 목표를 달성하는 데 적절한 긴장감과 탄력을 줄 수 있다.

④ 현실성이 있어야 한다.

각 개인 혹은 팀의 인력, 역량, 활용 가능한 여러 자원들을 고려했을 때, 현실적으로 가능 여부를 따져 목표를 설정해야 한다.

⑤ 도전적이어야 한다.

목표는 의욕을 불러일으켜야 한다. 목표달성이 쉽거나, 너무 어려우면 금새 의욕이 떨어지므로, 적정 수준의 도전적인 목표를 설정해야 한다.

(3) 성과관리의 이해

성과관리란 조직의 구성원이 최상의 직무수행 활동을 하여 조직의 성과 목표를 달성하도록 피드백과 코칭을 제공하고, 조직의 인적·물적 환경을 구축하는 체계적인 성과 향상의 조직 관리 방법을 말한다.

때로는 기존의 목표를 수행하다가 문제가 생겼을 경우 상사와 협의를 통해 목표를 수정해야 한다. 예를 들어, 부서 내 업무가 변경되거나 부서를 이동할 경우, 새로운 과업을 부여받았을 경우, 정치/경제/사회/천재지변 등의 이슈로 목표를 불가피하게 수정해야 하는 경우가 발생되기도 한다. 성과관리는 결국 목표대비 실적에 대한 지속적인 커뮤니케이션 활동이며, 부하직원에게는 동기를 부여하는 중요한 활동이다. 이처럼 성과관리를 하다 보면 상사와 부하직원 간의 소통의 시간을 자주 갖게 되는데, 이는 반기 혹은 연말이 되면 평가로 귀결된다.

평가의 장점은 상사 입장에서는 부하직원과의 잦은 소통을 통해 적시에 문제점을 서로 의논하고, 방향을 제시하는 코칭을 할 수 있다. 또한 부하직원 개개인의 역량수준, 업무배분, 향후 육성방향 등을 파악하여 향후 목표설정에 도움이 된다. 부하 입장에서는 자신의 장·단점 파악이 가능하고, 자신의 부족한 부분을 보완하기 위한 교육계획 수립이 가능하다. 또한 실패와 성공 경험을 통해 지속적으로 성장하고 있다는 자신감을 얻을 수 있다.

Level up Mission Step 2

아래 사례를 읽어보고, 나의 개인목표 1개를 선정하여 SMART 공식에 작성해 보세요.

목표 :

- Specific (구체적인가?) :

- Measurable (측정 가능한가?) :

- Attainable (성취할 수 있는가?) :

- Realistic (현실적인가?) :

- Timeline (시간계획표는 어떻게 되는가?) :

사례

〈스마트 목표를 세우는 방법〉

세계적인 베스트셀러 〈습관의 힘〉의 작가 찰스 두히그는 이번에 〈1등의 습관〉이라는 책에서 목표를 세울 때 스마트 목표(SMART Goals)를 세우면 누구나 쉽고 빠르게 달성할 수 있다고 말합니다.

스마트 목표는 글로벌 그룹 GE(제네럴일렉트릭)의 기업문화 전반에 사용되고 있는 사고방식입니다. GE는 중간관리자가 월별 목표를 설정하고 개인적인 목표를 실행에 옮기기 위한 스마트 차트가 있을 정도로 스마트 목표를 잘 활용하고 있다고 합니다.

그렇다면 스마트(SMART)한 목표란 뭘까요?

- Specific – 구체적인가?
- Measurable – 측정 가능한가?
- Attainable – 성취할 수 있는가?
- Realistic – 현실적인가?
- Timeline – 시간계획표는 어떻게 되는가?

한마디로 스마트 목표란 목표를 구체화하는 과정이라고 보면 됩니다. 그러니까 "당신의 목표는 무엇입니까?"라는 질문에 구체적이고, 측정 가능하고, 성취할 수 있고, 현실적이며, 그 목표를 달성하기 위한 시간계획표를 제시할 수 있어야 합니다. 이런 과정을 거치고 나면 그 목표는 어떻게 진행될 것인지 어느 정도 뚜렷하게 머릿속에 그려지기 때문에 목표 달성에 큰 도움이 됩니다. 특히 스마트 목표는 나조차도 알지 못했던 잠재력을 발휘하게 해줍니다. 왜냐하면, 스마트 시스템처럼 목표를 구체적으로 설정하는 과정은 우리에게 막연한 열망을 구체적인 계획으로 바꿔 보라고 강력하게 요구하기 때문입니다.

예를 들어 보겠습니다. 여러분이 6개월 만에 5km 달리기를 목표로 설정했다면 '구체적인가(Specific)?'하는 질문에 "나는 5km를 뛰어야겠어."라고 다짐한 것 자체가 구체적입니다. '측정 가능한가(Measurable)?'하는 질문에는 "200m 운동장을 25바퀴를 뛴다."고 계획하면 측정도 가능해집니다. '성취할 수 있는가(Attainable)?'하는 질문에는 매월 1km씩 늘여서 뛴다면 성취할 수 있을 것 같습니다. '현실적인가(Realistic)?'하는 질문에는 정말 특별한 일이 없는 한 월요일에서 금요일까지 저녁 식사를 한 후에 1시간씩 달리기 연습을 하고, 나머지 일들은 주말에 처리하겠다고 계획한다면 현실적으로 가능할 것도 같습니다. '시간계획표(Timeline)는 어떻게 되는가?'하는 질문에는 앞서 답한 것들을 정리하면 시간계획표가 수립되겠죠?

어떤가요? '스마트 계획'이 희망만 담긴 막연한 계획보다 훨씬 더 구체적이고 실현 가능해 보여서 당장에라도 도전하고 싶지 않으신가요? 이런 식이라면 다이어트도 가능할 것 같고요, 그동안 미뤄둔 공부도 가능할 것 같습니다. 물론 여러분이 가장 꿈꾸는 내년의 영업 실적 계획 역시 구체적이고 실천 가능한 계획을 세울 수 있습니다.

[출처] 감동이 있는 경영스토리, 〈리더가 밝히는 신년계획법 '도전적 목표(Stretch Goal)를 세워라!'〉

스스로 적어보는 오늘 교육의 메모

학습평가 Quiz

1. 다음 중 괄호 안에 들어갈 적당한 말은?

> 기업은 외부환경 분석과 기업 내부분석을 통해 전략을 수립하고, 이를 각 부문의 사업계획에 반영하는데, 이를 (　　　　) 수립이라 한다.

① 경영전략　　② PEST　　③ SWOT　　④ BSC

2. 다음은 무엇에 대한 설명인가?

> 이것은 기업의 존재이유, 철학, 가치관을 포괄하는 개념이다.

① 비전　　② 사명　　③ 전략　　④ 전술

3. 일본에서 유명한 전략의 대가인 Kenichi Ohmae는 성공적인 전략을 위해 ‘고객’, ‘자사’, ‘경쟁사’로 구성된 3가지 핵심요소에 집중해야 한다고 강조하며 이를 ‘3C’라고 하였다. 이중에서 3C의 의미가 아닌 것은?

① Competitor　　② Customer　　③ Company　　④ Core

4. 스마트 목표는 글로벌 그룹 GE(제네럴일렉트릭)의 기업문화 전반에 사용되고 있는 사고방식이다. GE는 중간관리자가 월별 목표를 설정하고 개인적인 목표를 실행에 옮기기 위한 스마트 차트가 있을 정도로 스마트 목표를 잘 활용하고 있는데, 다음 중 그 의미가 아닌 것은?

① Specific(구체적인가?) ② Meaningful(의미있는가?)
③ Attainable(성취할 수 있는가?) ④ Realistic(현실적인가?)

5. BSC의 4가지 관점에 대해 작성하세요.

①

②

③

④

학습내용 요약 Review (오늘의 Key Point)

1. 경영전략이란 조직의 목적과 목표달성을 위해 조직 내부의 모든 기능과 활동을 통합한 종합적인 계획이다.

2. 전략의 5가지 원리는 생존의 원리, 지식의 원리, 기회의 원리, 집중의 원리, 일관성의 원리이다.

3. 기업의 사명이란 기업의 존재이유, 철학, 가치관을 포괄하는 개념이다. 따라서 사명은 경영의 중요한 전략적 의사결정을 하도록 도와주며, 각 사업부뿐만 아니라 개인의 업무에도 그 방향을 결정하는 중요한 잣대가 된다. 비전은 이러한 사명을 이루어 나가는 미래의 어느 시점에 구체화된 목표를 의미한다.

4. 거시환경분석(PEST) (Political, Economic, Social and Technological analysis)은 전략관리 구성요소 중 환경 파악에 사용되는 거시적 환경 요소를 묘사한다.

5. SWOT 분석은 기업의 내부환경을 분석하여 강점과 약점을 발견하고, 외부환경을 분석하여 기회와 위협을 찾아내어 이를 토대로 강점은 살리고 약점은 죽이며, 기회는 활용하고 위협은 억제하는 전략을 말한다.

6. BSC(Balanced Score Card)는 재무, 고객, 내부프로세스, 학습과 성장이라는 4가지 관점을 중심으로 조직의 성과를 종합적이고 균형적 관점에 걸쳐 지표를 개발하고 측정하여, 조직의 지속적인 발전을 위한 성과측정시스템이다.

7. 목표관리란 목표를 효과적이고 효율적으로 달성하기 위한 체계적인 관리방법이다.

8. 성과관리란 조직의 구성원이 최상의 직무수행 활동을 하여 조직의 성과 목표를 달성하도록 피드백과 코칭을 제공하고, 조직의 인적·물적 환경을 구축하는 체계적인 성과 향상의 조직 관리 방법을 말한다.

9. 스마트(SMART)한 목표 수립은 Specific(구체성), Measurable(측정가능성), Attainable(성취가능성), Realistic(현실성), Timeline(시간계획)을 고려해야 한다.

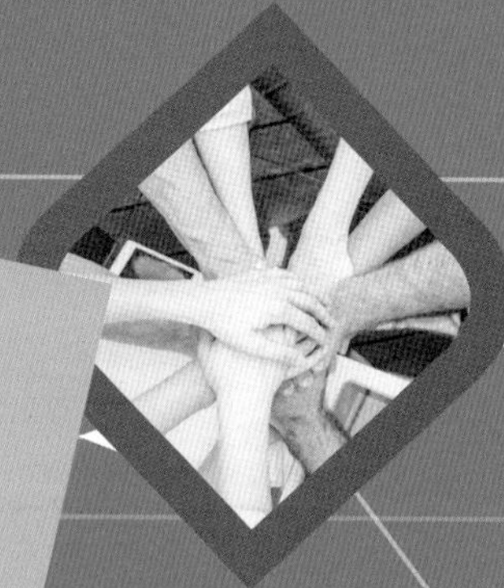

인적자원관리

Contents

1. 인적자원관리(HRM)의 개념과 중요성
2. 인적자원개발(HRD)의 개념과 구성요소

Learning Objectives

1. 인적자원관리의 개념을 설명할 수 있다.
2. 인적자원관리의 역할과 중요성에 대해 설명할 수 있다.
3. 인적자원개발의 개념과 구성요소를 설명할 수 있다.

4 Chapter

이야기 속으로 ...

엘지디스플레이, 사내 멘토링 · 학습 통해 경력개발 도와

엘지(LG)디스플레이는 직원 개인의 역량 향상과 지속적인 경력개발을 적극적으로 지원하기 위해 아이디피(Individual Development Plan) 제도를 운영한다. 아이디피는 임직원 본인의 역량 수준을 점검하고 자기개발이 필요한 부분을 파악하여 상사와의 꾸준한 멘토링 시간을 가지며 실행해 나가는 프로세스다. 아이디피는 임직원 간 상호 이해도 증진뿐만 아니라 장기적인 관점에서 개인의 역량 강화와 엘지디스플레이의 근본적 경쟁력 향상에 기여하는 주요 제도다.

임직원의 능력개발 및 역량강화를 위해서는 어학 및 전문지식 역량 강화와 글로벌 마인드 양성 활동 기회를 제공하고, 직무별 전문성을 높이기 위한 교육 프로그램을 실시하고 있다. 각 직무 영역별 조직 내 축적된 지식과 기술을 실무적으로 심도있게 학습할 수 있도록 집중과정을 운영한다. 또 리더를 통한 조직역량 극대화의 목표 달성을 위하여 리더 육성 프로세스를 운영하고 있다. 이를 위해 '엘지디스플레이 리더십'과 직책별로 필요한 '리더십 역량'을 정의하고 정기적으로 '리더십 역량 평가 및 피드백'을 시행한다. 앞으로 임직원 개인의 리더십 역량과 스타일을 점검할 수 있도록 지원하며, 발전할 수 있도록 다양한 육성 프로그램을 제공할 계획이다.

[출처] 한겨레 '우리 회사 인재육성 프로그램을 소개합니다', 2015.9.24. 발췌

본 챕터에서는 조직을 구성하는 자원 중 인적 자원에 대한 관리와 육성에 대해 학습하고자 한다. 인적자원관리의 개념과 중요성이 무엇인지, 인적자원개발의 개념과 구성요소에 대해 구체적으로 알아보자.

사전진단. Self Check

1. 다음은 무엇에 대한 설명인가?

> 기업 경영활동을 위한 인재의 확보, 개발, 활용, 보상, 평가에 대하여 계획, 실행, 통제의 과정을 의미한다.

① 인적자원관리 ② 인적자원개발
③ 경영관리 ④ 전사적 자원관리

2. 인적자원의 교육, 훈련, 육성, 역량개발, 경력관리 및 개발 등을 포함하는 용어로 인적자원개발을 무엇이라 부르는가?

① HRM(Human Resource Management)
② HRD(Human Resource Development)
③ IDP(Individual Development Plan)
④ CDP(Career Development Plan)

3. HRD의 구성요소가 아닌 것은?

① 개인개발 ② 조직개발
③ 역량개발 ④ 수행관리

1. 인적자원관리의 개념과 중요성

(1) 인적자원관리의 개념

인적자원관리란 기업 경영활동을 위한 인재의 확보, 개발, 활용, 보상, 평가에 대하여 계획, 실행, 통제의 과정을 의미한다.

기업은 물적, 재정적, 인적 자원이라는 세 가지 자원을 보유하고 있다. 물적 자원은 기계, 설비 등을 말하고, 재정적 자원은 현금, 채권, 주식 등을 말한다. 인적 자원은 조직에 고용된 근로자를 뜻한다. 물적 자원과 재정적 자원은 그 가치를 측정하는 것이 어렵지 않지만, 인적 자원의 경우 그 가치를 측정하기가 어렵다. 그 이유는 구성원들의 역량을 강화하고, 잠재력을 발휘할 수 있는 직무에 배치하여 그 활용을 극대화했을 때 더 높은 가치를 창출할 수 있기 때문이다. 따라서 인적자원관리는 조직의 생산성과 효율성에 영향을 미치는 중요한 자원이며, 그 중요성이 점차 중요시 되고 있다.

인적자원관리에 대한 개념에 대해 요더(D. Yoder)는 근로자로 하여금 그들의 직장에 대하여 최대의 공헌을 유도하고 또한 최대의 만족을 얻을 수 있도록 조력하고 지도하는 기능 내지 활동이라 하였고, 피고스와 마이어스(P. Pigors and C. A. Myers)는 개인의 능력을 최대한 발휘시킴으로써 개인이 그 자신의 직무에서 최대의 만족을 얻고 작업집단의 일원으로서 만족을 얻을 수 있도록 조력하는 것이라고 하였다.

(2) 인적자원관리의 역할과 중요성

① CEO의 전략적 파트너

인적자원관리자는 흔히 인사담당자 혹은 인사담당최고책임자(CHO)라 불린다. 인사담당자는 CEO의 전략적 파트너로서 인적 자원에 대한 정보의 원천이 되어야 한다. 단순히 인재를 채용하고 교육하는 행정부서가 아니라 경영전략을 실행하기 위한 인사관리를 하고, 이를 CEO와 커뮤니케이션해야 한다. 기업의 전략은 전략대로, 인사는 인사대로 운영하는 것이 아니라 전략을 달성하기 위한 인적 자원의 계획과 통제를 해야 하기 때문에 CEO의 전략적 파트너가 되어야 한다.

② 사업부문 간 조정역할

인사담당자는 사업부문 간 조정역할을 해야 한다. 따라서 각 사업부문의 전략을 이해하고, 회사 전체의 일치된 전략적 목표를 달성하는 데 초점을 맞춰야 한다. 경영목표를 달성하기 위해서 때로는 조직의 변화가 필요하고, 인재의 진단, 평가를 통해 적재적소 인재를 재배치하는 과정이 필요하다.

③ 서비스 기능의 역할

인사부서는 직원들의 다양한 욕구와 고충을 경청하고, 해결해야 하는 역할을 수행한다. 최근 〈Y세대 사원 사용설명서〉라는 책이 나올 정도로 조직 내 Y세대와의 갈등과 소통에 대한 이슈가 많아지고 있다. Y세대는 1982년부터 2000년 사이에 출생한 밀레니엄 세대로 다른 나라 문화나 다른 인종에 대한 거부감이 적고, 지적 수준이 높으며, 반항·도전정신을 가지고 있다. 과거보다 이질적인 신세대 사원들과 고연령의 세대들이 공존하기 때문에 그만큼 욕구와 고충이 다양하므로 인사부서에서 대응해야 할 일이 많아졌다. 인사의 기본기능이 채용에서 퇴직에 이르는 전 과정을 다루기 때문에 전략적 채용뿐만 아니라 퇴직사유에 이르기까지 현장의 목소리에 귀를 기울여야 한다.

Level up Mission Step 1

✎ 인적자원관리의 역할과 중요성에 대해 학습하면서 새롭게 알게 되거나, 느낀 점이 있다면 적어보자.

사례

구글 인사담당자가 말하는 최고 직원이 되는 10가지 방법

잘나가는 회사를 만드는 비법이 따로 있을까. 영국 일간지 가디언이 라즐로 복(Laszlo Bock) 구글 채용 담당 수석 부사장의 저서 '일하는 원칙!(Work rules!)'의 주요 대목을 발췌해 소개했다.

1. 일에 의미를 두라.

당신 때문에 조금이라도 도움을 받는 사람이 있다고 생각하라. 이런 생각이 업무의 생산성을 높이고 주변 사람을 행복하게 만든다. 당신이 배관공이라면, 다른 사람의 질을 높여주지 않는가.

2. 사람을 믿어라.

당신 주변 사람에게 투명하고 정직하라. 일이 어떻게 진행되는지 알려라. 설사 당신이 작은 숍을 운영하고 있어도 직원들에게 무엇을 바꾸면 좋을지 물어보라. 직원들이 내 회사처럼 행동할 것이다.

3. 당신보다 뛰어난 사람만 고용하라.

회사는 최고의 사람들을 뽑는 것보다 빨리 채용하는 것이 더 중요한 것처럼 행동한다. 잘못된 고용은 독약이다. 그 사람의 성과도 떨어지고 주변 사람들의 성과와 도덕성, 에너지까지 끌어내릴 수 있다. 위원회를 만들어 기준을 세워 뽑아라. 절대 타협하지 마라. 주기적으로 신입사원이 기존 사원과 비교해 뛰어난지 확인하라. 그렇지 않다면 더 좋은 사람을 찾을 때까지 고용하지 마라.

4. 당신이 성공하려면 내가 뭘해야 할까.

약점을 드러내는 것이 기분 좋은 일은 아니다. 이런 태도 때문에 주변 사람들은 배우려고 하기보다는 일단 대들려고 할 것이다. "당신이 성공하려면 내가 무엇을 도와줘야 할까"라는 태도로 시작하라.

5. 최고의 사원과 최악의 사원에게 집중하라.

최고의 사원을 놓고 그가 어떤 기술을 가지고 있는지 다른 사람보다 얼마나 뛰어난지 확인하라. 그를 다른 사원들을 위한 선생님으로 활용하라. 동시에 최악의 사원에 대한 관심도 필요하다. 당신이 올바르게 채용을 했다면 그 사원은 능력이 부족한 것이 아니라 잘못된 임무를 맡아 헤매고 있는 것이다. 그를 새로운 업무에 배치하고 가르쳐봐라. 그래도 여전히 최악의 사원이면 즉시 해고하라.

6. 평소에 아끼고 중요할 때 관대해져라.

구글이 직원들에게 해주는 대부분 것들이 거의 돈이 안든다. 치료비 등 직원들이 급할 때 큰 임

팩트를 남기는 것이 중요하다. 꼭 큰 회사가 아니더라도 이 부분은 중요하다. 내 아버지도 엔지니어링 회사를 만들어 30년간 이끌어왔는데, 식원 목시에 많은 신경을 썼나.

7. 불공평하게 대우하라.

팀 상위 10%가 90%의 가치를 창출한다. 최고 사원이 평균 사원보다 훨씬 중요하다. 최고 사원들이 이 점을 느낄 수 있도록 해야 한다. B급 사원은 이런 사실에 불만이 있을 수 있다. 왜 급여가 차이가 나는지를 정직하게 설명해줘야 한다.

8. 한 번 쿡 찔러봐라.

지금 당장 주위를 둘러봐라. 당신을 둘러싼 환경을 슬쩍 확인해보는 것이다. 가령, 냉장고에 건강한 스낵이 눈높이에 있는지, 동료들에게 이메일을 보내거나 문자를 보낼 때 흥미로운 뉴스를 주고받는지. 이런 작은 행동들이 당신은 물론이고 당신 팀을 더 행복하게 만든다.

9. 기대 수준을 조정하라.

때로는 여행도 하고 뒤로 물러서기도 해야 한다. 무엇인가를 시작할 때 아이디어를 굴리고 있다고 말해라. 동료들이 비판보다는 지원을 많이 해 줄 것이다.

10. 즐겨라! 그리고 1번 항목으로 돌아가서 다시 시작하라.

래리 페이지(Larry Page)와 세르게이 브린(Sergey Brin)은 모두가 일하고 싶어하는 '구글'을 만들었다. 당신도 할 수 있다.

[출처] 조선비즈, 〈구글 인사담당자가 말하는 최고 직원이 되는 10가지 방법〉, 2015

2. 인적자원개발의 개념과 구성요소

(1) 인적자원개발의 개념

인적자원의 교육, 훈련, 육성, 역량개발, 경력관리 및 개발 등을 포함하는 용어로 인적자원개발, 즉 HRD(Human Resource Development)라고 부른다. 인적자원개발은 목표달성 과정에서 인적 자원의 잠재능력을 최대한으로 발휘할 수 있도록 역량을 개발하는 체계적 활동을 의미한다.

(2) 인적자원개발의 구성요소

인적자원개발(HRD)은 아래 그림과 같이 개인개발, 경력개발, 수행관리, 조직개발 4가지로 구분된다.

[그림 4-1] HRD의 구성요소

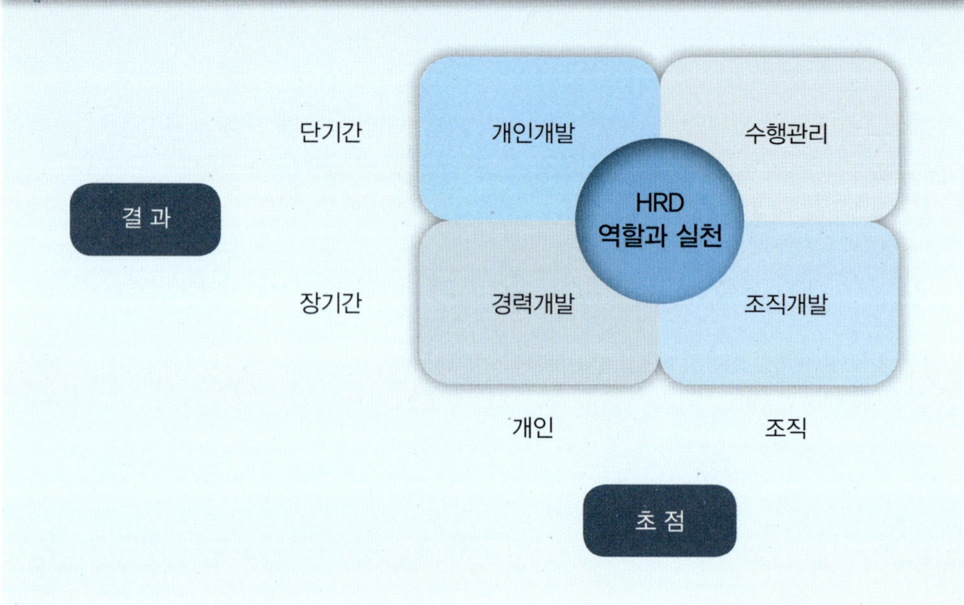

이 네 가지 요소는 '결과'와 '초점'이라는 두 가지 기준에 따라 구분된다. 교육기간과 그 효과가 단기간인지, 장기간인지에 따라 구분이 되고, 개인과 조직 중 어디에 초점이 맞춰져 있느냐에 따라 구분이 된다.

① 개인개발

개인개발은 개인의 현재 업무와 관련하여 새로운 지식과 기술이 필요할 경우 단기간 내에 습득하기 위한 교육훈련을 의미한다. 개인개발은 스스로 학습하는 경우도 있지만, 상사나 동료로부터 OJT를 통해 이루어지기도 한다.

사례

OJT(on–the–job training)

기업 내에서의 종업원 교육 훈련방법의 하나로, 피교육자인 종업원은 직무에 종사하면서 지도교육을 받게 된다. 따라서 업무수행이 중단되는 일이 없는 것이 그 특색이다.

OJT(on–the–job training)는 모든 관리자 · 감독자는 업무수행상의 지휘감독자이자 업무수행과정에서 부하직원의 능력향상을 책임지는 교육자이어야 한다는 생각을 기반으로 하여 추진되고 있기 때문에, 지도자와 피교육자 사이에 친밀감을 조성하며 시간의 낭비가 적고 기업의 필요에 합치되는 교육훈련을 할 수 있다는 장점이 있다. 그러나 지도자의 높은 자질이 요구되며 교육훈련 내용의 체계화가 어렵다는 등의 난점이 있다. 이에 따라 OJT의 대상은 비교적 하부조직의 직종이 된다.

이 방법과는 대조적으로 직무수행을 중단하고, 또는 직장배치 전에 다른 장소에서 실시되는 직장 외 교육훈련을 오프제이티(Off–JT : off–the–job training)라고 하는데, 이 Off–JT가 관리자나 감독자에게 실시되는 경우, 그 교육훈련의 내용은 OJT를 통해 실제로 직장에서 활용되어 직접적으로 작업자나 집무자의 업적에 반영되는 효과를 가져오게 된다. 선진국의 통계에 의하면 기업 내 교육훈련의 90%는 OJT에 의거하는 것으로 나타나 있다.

[출처] 두산백과

② 경력개발

경력개발은 조직 내에서 개인의 적성, 강점, 흥미, 역량에 따라 직무전환을 통해 기술개발을 하거나, 향후 필요한 역량을 장기간에 걸쳐 개발하는 것을 의미한다. 관련 사례로 멘토링 제도를 운영하거나, 경력개발 프로그램을 개발하여 운영하기도 한다. 또한 Job Posting(직무공고제도)을 통해 내부 직원들이 경력개발에 관심을 가질 수 있도록 사내공모제도를 운영하기도 한다.

사례

사내공모제도(Job Posting)

조직 내 업무에 결원이 발생할 경우 외부 신문, TV 등에 채용공고를 하는 것과 마찬가지로 조직 내부에서 인력모집 공고를 하는 방법이다. 사내공모제도는 결원공지제도(vacancy announcement system)라고도 한다. 그 예로 내부충원이 필요한 인력을 조직의 사보, 직무게시판, 인트라넷(intranet) 등의 알림란을 통해 필요한 직무에 적합한 인력을 모집한다.

사내공모제도는 조직이 충원 예정인 직위나 직무를 기존 구성원들에게 공개적이고 균등한 고용기회를 제공한다는 장점이 있다. 또한 이를 통해 구성원들의 경력개발에 대한 동기부여, 새로운 직무에 대한 도전의식, 잠재능력의 발휘 등의 장점도 있다. 하지만 사내공모된 직무에 지원하려고 하는 지원자가 직속상사에게 자신의 이동을 알릴 경우 갈등이 발생할 수 있어 공모에 의해 인사이동이 확정되기 전까지는 해당 상사에게 통보하지 않는 경우가 많다. 이는 모집에 탈락한 경우 기존 부서원들과의 갈등을 예방하기 위한 배려이기도 한다.

[출처] (사)한국기업교육학회 〈HRD 용어사전〉, ㈜중앙경제, 2010.9.6.

③ 수행관리

수행관리는 구성원들이 업무를 효과적, 효율적으로 수행하기 위한 개선활동을 의미한다. 이러한 수행관리의 핵심은 직무분석에 있다. 직무분석은 구성원이 어떤 일을, 어떤 목적으로, 어떤 방법에 의해, 어떤 장소에서 수행하는지를 알아내고, 직무를 수행하는 데 요구되는 지식, 능력, 기술, 경험, 책임 등이 무엇인지를 체계적으로 정리하는 것을 말한다. 이를 통해 각 직무의 구체적인 요소들을 밝히고, 근로의 질을 향상시키는 데 그 목적이 있다.

사례

직무분석

한 사람의 종업원이 수행하는 일의 전체를 직무라고 하며, 인사관리나 조직관리의 기초를 세우기 위하여 직무의 내용을 분석하는 일을 직무분석이라고 한다.

각 직무에 대해서 밝혀야 할 항목은, ① 직무내용(목적·개요·방법·순서), ② 노동부담(노동의 강도·밀도), ③ 노동환경(온도·환기·분진·소음·습도·오염), ④ 위험재해(감전·폭발·화재·고소·재해율·직업병), ⑤ 직무조건(체력·지식·경험·자격·개성), ⑥ 결과책임(직무를 수행하지 않았을 경우의 인적·물적 손해의 정도), ⑦ 지도책임(후진자 지도의 책임), ⑧ 감독책임, ⑨ 권한 등이다. 직무분석의 방법에는 실제담당자에 의한 자기기입(自己記入), 분석자에 의한 관찰, 면접청취, 통계, 측정, 검사 등이 있다. 어느 것이나 모두 주도면밀한 준비와 세심한 주의가 필요하다. 직무분석의 결과는 직무기술서나 직무명세서로 종합·정리되어, 채용·승진·배치전환·교육훈련·임금·안전위생 등 인사관리나 직무분담·부서편성·지휘감독 등의 조직관리에 자료를 제공한다.

[출처] 두산백과

④ 조직개발

조직개발은 끊임없는 외부환경의 변화 속에서 경쟁력을 갖추고, 비효율성을 제거하기 위한 조직문화 및 업무환경 개선 등을 의미한다.

사례

조직개발(Organization Development)

조직개발은 조직의 유효성(effectiveness)과 건강(health)을 높이고, 환경변화에 적절하게 대응하기 위하여 구성원의 가치관과 태도, 조직풍토, 인간관계 등을 향상시키는 변화활동을 의미한다. 조직개발 실행은 문제점 인식, 진단 및 자료수집, 피드백, 분석·검토 및 변화전략 구상, 실천계획 수립, 실행, 확인 및 평가의 과정을 거친다.

[출처] (사)한국기업교육학회 〈HRD 용어사전〉, ㈜중앙경제, 2010.9.6.

Level up Mission Step 2

다음의 사례를 읽고, 나는 인재의 세 가지 타입 중 어디에 속하며, 그 이유와 향후 다짐에 대해 작성해보자.

〈인재의 세 가지 타입 : 당신은 어떤 인재인가?〉

미국의 크리에이티브 리더십 센터(Center for Creative Leadership) 연구원이었던 마이크 롬바드는 학습능력이라는 관점에서 볼 때, 조직에는 '적극적 학습자(전체의 10%)', '소극적 학습자(전체의 60%)', '학습 거부자(전체의 30%)' 등 세 종류의 인재가 있다고 주장하고 있다.

적극적 학습자

적극적 학습자는 스스로 프로라는 생각을 가지고 끊임없이 성장하고자 하는 욕구를 가지고 있다. 교육심리학계에서는 이런 사람들에 대해서 '성장 사고방식(growth-mindset)'을 가지고 있다고 말한다. '성장 사고방식'을 가진 사람들은 자신이 가지고 있는 능력이 성장 가능하고 변할 수 있다고 믿는다. 배우면 배울수록 자신의 능력이 향상되는 것을 실감하고 있는 것이다.

소극적 학습자

소극적 학습자는 배우는 것 자체에 기쁨을 느끼는 적극적 학습자와는 달리 소극적 학습자에게 배움은 개인적인 목적을 달성하기 위한 수단일 뿐이며, 가능하면 학습은 피하려고 한다. 이런 사람들은 지식은 늘릴 수 있어도 자신의 능력은 기본적으로 바뀌지 않는다는 '고정 사고방식(fixed-mindset)'을 갖고 있다.

학습 거부자

학습 거부자는 창조적인 것을 싫어하며, 지시받은 것만을 과거의 관습대로 하려는 사람들이다. 학습 거부자에게 공통적으로 보이는 특징은 눈앞에 있는 문제의 원인이 항상 자기 이외의 타인에게 있다고 생각하는 것이다.

[출처] 사카이 조, 〈회사를 키우는 인재육성의 비밀〉 요약 및 발췌

① 위의 인재의 세 가지 타입 중 나는 어떤 유형의 인재인가?

② 그 이유는 무엇이라 생각하는가?

③ 앞으로 당신은 어떤 인재가 되고 싶은가?

사례

아모레퍼시픽, '인재 경영'에 힘쓴다

아모레퍼시픽이 우수 인재 확보와 인재 육성을 위해 스마트 워크 환경을 조성하고 사내 복지 정책을 적극적으로 마련하고 있다.

아모레퍼시픽은 지율출퇴근제인 'ABC 워킹타임' 제도를 비롯해 '현장 출퇴근제' 등 다양한 스마트 워크 제도를 시행하고 있다고 15일 밝혔다.

ABC 워킹타임은 2011년부터 시작된 제도로 출근시간을 오전 7시부터 10시 사이에서 1시간 단위로 선택할 수 있도록 했다. 해외업무 등 업무방식의 차이가 있는 직원뿐만 아니라 어학이나 자격증 공부, 대학원 진학 등 자기계발을 위한 시간을 투자하거나 자녀보육을 위해 시간을 조정하고자 하는 임직원도 이용할 수 있어 호응이 높다.
영업사원의 업무 방식을 배려한 '현장 출퇴근제'도 시행 중이다. 영업사원들이 불필요하게 사무실에 출근하는 것을 없애며 업무 효율을 높였다. 각 조직별로 자율적으로 현장출퇴근을 시행하고 있다.

임직원의 재충전을 위해 휴가 문화도 강화했다. 하절기에만 사용할 수 있던 여름휴가를 연중으로 확대했으며 샌드위치 데이를 지정휴일로 정하고 있다. 장기 근속자를 위한 특별휴가, 생일 당일 반차 제도 등도 있다.

수평적인 의사소통을 위해 직위와 호칭을 없애고 '님'으로 부르는 문화도 2002년 이후 15년째 자리잡고 있다. 아모레퍼시픽 직원들은 서경배 회장도 '서경배 님'이라고 부른다.

아모레퍼시픽 관계자는 "2002년 월드컵 당시 히딩크 감독이 선후배 의식과 호칭이 경기 중 선수간 원활한 커뮤니케이션을 방해한다는 판단하에 호칭을 폐지한 사례에서 시작한 제도"라며 "수직적인 위계 질서의 근무 환경을 탈피해 임직원 모두의 수평적인 의사소통이 활성화된 기업문화를 조성하고 있다."고 설명했다.
워킹맘들을 위한 배려도 눈에 띈다. 아모레퍼시픽은 서울 본사를 포함해 3곳의 사업장에서 하루 12시간씩 어린이집을 운영하고 있다. 임신 중인 직원에 대해서는 일 6시간의 단축 근무를 허용하고 전용 의자와 발 받침대, 전자파차단 담요 등의 물품도 지원한다. 여성 근로자를 위해 전국 9개 사업장에서는 전용 휴게실도 설치해 운영 중이다.

인재 육성에도 공을 들이고 있다. 글로벌 인재 육성을 위해 2011년부터 '혜초 프로젝트'를 운영하며 해외 우수사원의 본사 역파견 과정, 해외 선진 기술 학습을 위한 기술 전문가 과정, 해외 인턴십 과정 등을 제공하고 있다. 주재원 육성 지원 체계를 수립해 직무별 특화 교육, 글로벌 비즈니스 매너, 어학 능력, 이문화 이해, 현지 조기 적응을 위한 주재원 가족 이문화 교육 지원 프로그램을 운영하고 있다.

분야별 전문가를 양성을 위해 임직원 스스로 선택할 수 있는 핵심 직무 역량 교육체계도 구축하고 있다. 회사의 핵심 지식을 보유한 임직원이 사내 강사활동을 통해 핵심 지식을 자산화하고 있으며 혁신 상품을 전파할 수 있는 마케팅 전문가 육성 트랙을 별도로 구축해 운영하고 있다.

[출처] 뉴스토마토 "아모레퍼시픽, '인재 경영'에 힘쓴다", 2017.2.15. 발췌

학습평가 Quiz

1. 다음 중 괄호 안에 들어갈 말은?

> 인적자원관리자는 흔히 인사담당자 혹은 인사담당최고책임자(CHO)라 불린다. 인사담당자는 CEO의 (　　　　)로서 인적 자원에 대한 정보의 원천이 되어야 한다. 단순히 인재를 채용하고 교육하는 행정부서가 아니라 경영전략을 실행하기 위한 인사관리를 하고, 이를 CEO와 커뮤니케이션해야 한다. 기업의 전략은 전략대로, 인사는 인사대로 운영하는 것이 아니라 전략을 달성하기 위한 인적 자원의 계획과 통제를 해야 하기 때문에 CEO의 (　　　　)가 되어야 한다.

① 전략적 파트너　　② 조정자
③ 노사전문가　　④ 브릿지 역할

2. 다음중 인적자원관리의 역할이 아닌 것은?

① 전략적 파트너로서의 역할　　② 전사 전략수립의 역할
③ 사업부문 간 조정역할　　④ 서비스기능의 역할

3. 다음은 인적자원개발(HRD)의 방법론 중에서 무엇에 대한 설명인가?

> 이것은 기업 내에서의 종업원 교육 훈련방법의 하나로, 피교육자인 종업원이 직무에 종사하면서 지도교육을 받는 것을 의미한다.

① OJT(on-the-job training)　　② Job Posting
③ 경력개발　　④ 조직개발

4. 다음은 무엇에 대한 설명인가?

> 한 사람의 종업원이 수행하는 일의 전체를 직무라고 하며, 인사관리나 조직관리의 기초를 세우기 위하여 직무의 내용을 분석하는 일

(   )

5. 사내공모제도(Job Posting)에 대해 서술하시오.

학습내용 요약 Review (오늘의 Key Point)

1. 인적자원관리란 기업 경영활동을 위한 인재의 확보, 개발, 활용, 보상, 평가에 대하여 계획, 실행, 통제의 과정을 의미한다.

2. 인적자원관리는 ① CEO의 전략적 파트너로서의 역할, ② 사업부문 간 조정역할, ③ 서비스 기능의 역할을 갖추어야 한다.

3. 인적 자원의 교육, 훈련, 육성, 역량개발, 경력관리 및 개발 등을 포함하는 용어로 인적자원 개발, 즉 HRD(Human Resource Development)라고 부른다. 인적자원개발은 목표달성 과정에서 인적 자원의 잠재능력을 최대한으로 발휘할 수 있도록 역량을 개발하는 체계적 활동을 의미한다.

4. 조직이 목표와 비전을 수립하고, 체계를 정비하고, 행동을 유발하도록 하는 모든 행위는 구성원들의 마음과 깊은 관련을 맺고 있다. 결국 경영이란 구성원의 마음을 사로잡아 행동을 일으키는 과정이라 할 수 있다.

5. 인적자원개발(HRD)은 개인개발, 경력개발, 수행관리, 조직개발 4가지로 구분된다.

6. OJT(on-the-job training)는 기업 내에서의 종업원 교육 훈련방법의 하나로, 피교육자인 종업원이 직무에 종사하면서 지도교육을 받는 것을 의미한다.

7. 사내공모제도(Job Posting)는 조직 내 업무에 결원이 발생할 경우 외부 신문, TV 등에 채용 공고를 하는 것과 마찬가지로 조직 내부에서 인력모집 공고를 하는 방법이다.

8. 직무분석은 한 사람의 종업원이 수행하는 일의 전체를 직무라고 하며, 인사관리나 조직관리의 기초를 세우기 위하여 직무의 내용을 분석하는 일을 의미한다.

스스로 적어보는 오늘 교육의 메모

체제이해능력

Contents

3
PART

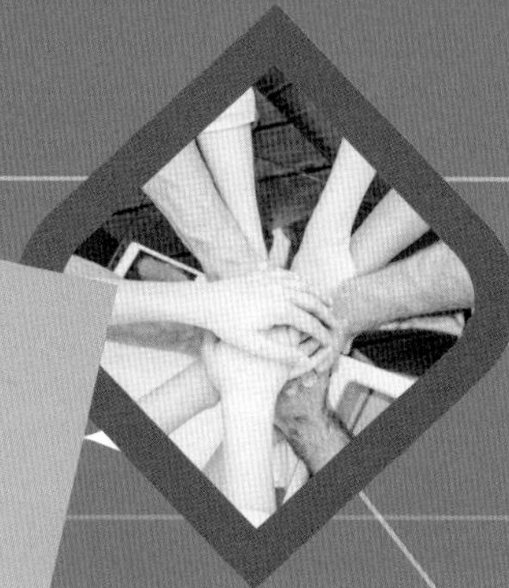

조직구조

Contents

Learning Objectives

1. 조직구조의 개념과 형태를 설명할 수 있다.
2. 시스템경영과 그 활용에 대해 설명할 수 있다.
3. 조직변화전략을 설명할 수 있다.

5 Chapter

이야기 속으로 ...

'성공확률 25%' 조직개편 어떻게 할까.

많은 기업들이 전략을 새로 세우거나 사업 우선순위를 변경한 뒤 조직을 다시 설계한다. 성과가 기대에 못 미치거나 업무가 제대로 돌아가지 않을 때, 비용 절감, 새로운 성장 방향 모색, 조직 문화 쇄신 등을 위해 조직구조를 변경하기도 한다.

조직의 설계나 개편은 많은 시간과 노력을 요한다. 조직 개편 이후 구성원들이 혼란에서 벗어나고 적응하는 데 드는 비용도 상당하다. 이런 고비용의 조직 개편이 효과를 내고 있을까.

세계적 컨설팅사들의 조사에 따르면 성과는 기대에 못 미쳤다. 베인앤드컴퍼니는 57건의 조직 개편 사례에서 실적 개선을 가져온 사례는 3건당 1건 미만이었다고 발표했다. 보스턴컨설팅그룹은 세계 35개국 1,000명 이상 대기업 임원 1,600명 중 조직 개편이 성공적이라고 답한 이는 절반도 안됐다고 밝혔다. 실패할 경우 기회 상실과 비용 발생 외에 경영수지 악화, 생산성 하락, 시장 포지션 약화, 직원 만족 저하와 같은 부작용도 나타났다.

맥킨지가 2015년 1,324개 기업을 대상으로 조사한 결과에서도 성공 사례는 4분의 1 미만이었다. 개편 이후 오히려 활력을 잃은 회사는 44%였고, 성과 개선에 실패한 기업도 3분의 1이나 됐다.

조직 개편이 기대만큼 효과를 내지 못하는 이유는 전략과 한 방향으로 구조를 설계하지 못하거나 적합한 사람을 배치하지 못하거나 협업과 같은 과정적 측면을 간과해서다.

[출처] 한국경제매거진, '성공확률 25%' 조직개편 어떻게 할까, 2017.2.8. 발췌

기업의 전략과 목표를 달성하기 위해 그 실행과정에 있어 조직구조와 개편은 자주 거론되는 방안 중 하나이다. 본 챕터에서는 조직구조의 개념과 형태가 무엇인지, 그리고 조직의 변화전략은 무엇인지 학습해 보고자 한다.

사전진단. Self Check

1. 다음은 무엇에 대한 설명인가?

> OOOO란 조직의 전체목표를 달성하는 데 필요한 수직적, 수평적 정보를 의미한다.

① 조직구조　　② 직급체계
③ 조직설계　　④ 조직이해

2. 다음은 어떠한 조직구조의 형태를 말하는 것인가?

> 최고경영자를 정점으로 기업을 핵심 경영 기능에 따라 단위 조직으로 세분화한 형태

① 프로젝트 조직　　② 매트릭스 조직
③ 라인 조직　　④ 라인스태프 조직

3. 변화관리 분야의 바이블로 여겨지고 있는 〈Leading Change〉의 저자인 그는 조직변화 전략을 위해 8단계 프로세스를 주장하였다. 이 학자는 누구인가?

① 존 코터　　② 스티븐 코비
③ 피터 드러커　　④ 찰스 핸디

1. 조직구조의 이해

(1) 조직구조의 개념

조직구조란 조직의 전체목표를 달성하는 데 필요한 수직적, 수평적 정보를 의미한다. 조직구조는 조직도를 통해 알 수 있으며, 조직도는 한 조직의 전체적인 활동과 과정을 시각적으로 나타낸 것을 말한다. 조직구조가 필요한 정보 흐름을 충족시키지 못할 경우 조직의 효과성은 감소하게 된다.

[그림 5-1] 조직도 예시

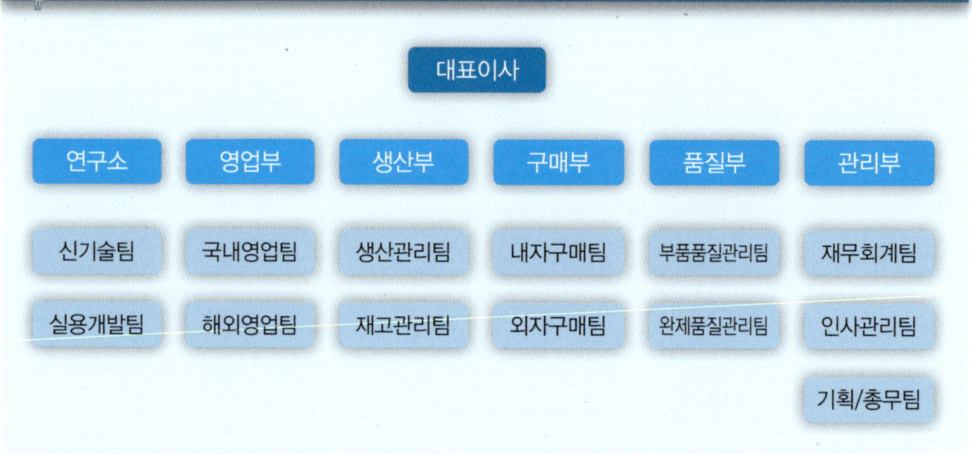

위의 그림과 같이 조직도를 보면 조직구조를 이해할 수 있다. 조직구조의 수직적 연결은 통제를 의미하고, 수평적 연결은 조정과 협력을 의미한다.

(2) 조직구조의 형태

조직구조의 형태는 라인 조직, 라인스태프 조직, 사업부제 조직, 프로젝트 조직, 매트릭스 조직이 있다. 과거에는 하위부서와 상부 부서 간의 6~7단계 또는 10단계 이상의 결제라인이 있는 피라미드형 조직을 운영함으로써 의사소통의 신속성과 정확성이 결여되어 있었다. 즉, 이러한 조직구조로 최고경영층과 실무부서 간의 소통이 원활하지 못해, 시장의 요구에 유연하고 신속하게 대응하지 못했다.

최근 기업은 관리, 통제의 기능을 축소하고, 하부조직에 권한위임을 함으로써, 과업의 몰입도를 향상시키고, 상하조직 간의 명령 및 보고체계를 단순화하였다. 이는 곧 관리자와 실무자 간의 신속한 커뮤니케이션의 결과를 가져올 수 있었다. 다음은 조직구조의 형태에 대해 알아보자.

① 라인 조직

라인조직은 최고경영자를 정점으로 기업을 핵심 경영 기능에 따라 단위 조직으로 세분화한 형태를 말한다. 상위자의 권한과 명령이 계층적으로 하위자에게 직접 전달되는 조직구조로 지휘시스템의 일원화를 가져온다. 보통 중소기업과 같이 최고경영자가 전체 조직을 관리하는 데 용이한 조직에서 많이 볼 수 있으며 조직별 인력에 따른 관리가 용이하다. 단점으로는 부서 간 조정 및 커뮤니케이션이 어렵고, 외부환경에 대한 유연성이 부족할 수 있다. 또한 개인의 창의성 발휘가 어려운 조직문화를 가져올 수 있다.

② 라인스태프 조직

기능별 라인 조직에 전체적인 조정역할을 담당하는 스태프 조직을 추가한 형태를 말한다. 이렇게 스태프 조직을 강화한 이유는 다음과 같다. 조직을 일사분란하게 움직일 수 있는 지휘 시스템을 유지하되, 스태프 조직이 전문적 지식이나 기술을 가진 사람들이 참모가 되어 의사결정 과정을 지원하는 조직구조의 형태를 말한다. 라인은 기업의 기본적 기능에 해당하는 라인업무를 하고, 스태프는 라인 조직을 원조해 주기 위한 보조적 기능을 가지고 있다. 스태프 조직이 경영전략의 수립과 경영활동에 필요한 정보의 수집과 분석을 담당하여 조정자 역할을 한다는 점에서 조직의 규모가 커질수록 더욱 효과적이다. 단점으로는 스태프와 라인 조직의 책임과 권한이 명확하지 않을 경우 갈등이 발생할 수 있다.

③ 사업부제 조직

사업부제 조직은 기업의 사업 영역이 넓어지고 제품이 다양해지면서, 전통적인 조직의 한계점을 극복하고자 기능별 조직에 여러 개의 사업부 조직을 결합한 개념을 의미한다. 시장세분화가 필요한 상황에서 각 사업부의 독자적이고 전문적인 경영을 할 수 있다는 측면에서 효과적으로 활용되고 있다. 단점으로는 기업 전체 관점에서 개별사업부를 통제하는 데 어려움이 다소 발생되며, 자원의 분산과 사업부별 지나친 경쟁으로 갈등이 유발될 수 있다.

④ 프로젝트 조직

프로젝트 조직은 중장기적으로 성장가능성이 높은 새로운 제품, 시장, 개척, 일시적으로 발생한 중요한 경영 문제를 해결하기 위해 파견 형식으로 임시적으로 독립적인 프로젝트 팀을 구성하는 개념이다. 1950년대에 등장한 프로젝트 조직은 태스크포스 팀(Task Force Tram) 혹은 TFT라 불리운다. 오늘날처럼 기술변화의 속도가 빠르게 진행되고 있는 경영환경 속에서 기업 활동을 효과적으로 수행하기 위해서 그 중요성이 부각되고 있다. 미래 신성장 동력을 발굴하고, 고착된 문제를 해결한다는 측면에서 기업에서 효과적으로 활용하고 있다.

⑤ 매트릭스 조직

매트릭스 조직은 라인조직의 효율성과 전문성을 활용하고, 각 기능별 조직을 열로, 프로젝트 조직을 행으로 하는 매트릭스를 구성하는 개념이다. 자원 활용의 효율성이 높아지고 구성원의 전문성이 극대화되는 측면에서 그 중요성이 부각되고 있다. 단점으로는 구성원의 업무 부담이 가중되고, 업무의 우선순위와 책임소재 판단이 어렵다는 특징이 있다.

Level up Mission Step 1

아래 [사례]는 중국의 세계적인 e-비즈니스그룹 알리바바의 전자상거래 플랫폼 타오바오(淘寶)의 이름을 붙인 '타오바오촌'이 성공적으로 안착하고 있다는 기사다. 이는 알리바바가 미래 성장가능성이 있는 사업에 대해 일정 기간 동안 새로운 조직을 만들어, 성공한 사례라고 볼 수 있다. 이는 앞서 배운 어떠한 조직구조의 형태인지, 그 장점이 무엇인지 적어보자.

사례

알리바바의 원대한 농촌梦…타오바오촌

타오바오촌은 중국 시골 지역에서 타오바오의 이커머스 플랫폼을 연결해 비즈니스를 창출하고자 만들어진 개념이다. '타오바오 빌리지(淘寶村 타오바오촌)'란 한 지역(마을)에 등록된 타오바오 온라인몰(거래가 빈번한 활성상점 기준)의 수가 전체 가구 수의 10% 이상이고, 전자상거래 거래액 규모가 1,000만위안(약 16억 6,600만원) 이상인 곳을 가리킨다. 타오바오 빌리지 형성은 고향을 떠났던 지역 청년의 귀향과 창업, 일자리 창출을 통한 외지 인구 유입, 원자재와 부품 집중화, 관련 서비스업 발전 등 효과를 내며 지역 경제를 살리는 역할을 하고 있다.

알리연구원(阿里研究院)에서 올해 초 발간한 중국 타오바오촌 연구 보고(中国淘宝村研究报告) 2016에서는 타오바오촌의 위상을 '구조적 발전'과 '사회적 가치' 두 축으로 평가했다.

1. 타오바오촌의 구조적 발전

① **제품 혁신 :** 타오바오 온라인 판매자는 소비 분석, 자체 디자인, 파트너사와의 연구 개발, 신기술 도입을 통해 제품의 수준을 높이고 신세품을 출시하는 추세다. 불완전한 통계에 따르면 지난 1년 동안 타오바오촌에서는 120종의 새로운 제품이 판매됐고, 평균 1억6,000만원(100만위안)의 매출을 냈다. 16억원(1,000만위안) 이상의 매출을 낸 제품들도 있는데, 전동휠, 라틴댄스 의상, 주문제작 벽화, 분유 포트 등이 대표적이다.

② **기업화 :** 경영 규모가 커짐에 따라 타오바오촌에 속한 영역들이 점점 기업화되고 있다. 기업 등록 및 상표 등록의 영역, 조직 관리, 브랜드 및 고객 서비스 영역 등이 대표적이다. 불완전한 통계에 따르면 기업에 등록된 타오바오촌의 점포는 5,100곳이 넘는다. 기업화된 온라인 판매자들이 가장 많이 속해 있는 현급 도시는 진화의 이우(义乌), 광저우의 판위(番禺), 바이윈(白云), 취안저우의 푸장(晋江), 항저우의 위항(余杭) 순이다.

③ **시스템화 :** 온라인 판매업이 거대해지면서 이들의 이커머스 서비스에 대한 요구사항 역시 점차 규모화, 다양화되고 있다. 이커머스 영역의 시스템화는 타오바오촌의 발전에 중요한 지표이다.

④ **다원화 :** 타오바오촌의 발전 초기만 하더라도 온라인 소매에 집중돼 있었다. 하지만 점차 온라인 도매업, 크로스보더형 이커머스, 시골 지역 여행업 등으로 비즈니스 모델을 확장하고 있는 추세다.

2. 타오바오촌의 사회적 가치

① **창업 육성 :** 타오바오촌 하나는 곧 하나의 창업 보육 센터를 의미한다. 2016년 8월까지 전국 타오바오촌의 활성 상점 숫자는 30만 곳에 달한다. 이커머스는 이미 초기 창업의 중요한 방향을 의미하게 된 것이다.

② **구직 기회 :** 온라인몰은 낮은 원가로 만들 수 있으며, 성장 속도 또한 빠르다. 이는 곧 구직 기회로 연결된다. 통계에 따르면 타오바오촌에서 한 곳의 활성화된 매장이 생겨날 때 평균적으로 2.8명의 구인을 하게 된다. 2016년 8월 말 기준 전국 타오바오촌의 활성 매장이 만들어낸 직원 숫자는 84만 명에 이른다.

③ **부의 창출 :** 2016년 중국 내 빈곤지역(1인당 연평균 수입이 700위안 미만인 지역)에 속하는 현급 도시 18곳에서 타오바오촌이 시작됐고, 그중 핑샹(平乡) 10곳, 취양(曲阳)과 전핑(镇平)엔 각 2곳, 안투(安图), 허칭(鹤庆), 난캉(南康), 윈시(郧西)에 각 1곳씩 타오바오촌이 설립됐다. 이 지역들에서 대량의 이커머스 창업들이 일어났고, 수입이 증가해 빈곤을 어느 정도 해결하게 됐다.

타오바오촌은 타오바오라는 강력한 이커머스 플랫폼을 무기로 제품 생산자들을 '마을' 단위로 집결시키고 있다. 농산물 중심의 소규모로 시작된 판매자들은 기업이 됐고, 농산품을 넘어 제조업을 아우르며 온라인이란 파이프라인에 연결돼 새로운 수익을 만든다.

[출처] One Asia, '알리바바의 원대한 농촌梦…타오바오촌', 2017.6.1 발췌

2. 시스템경영과 조직변화선략

(1) 조직과 시스템경영

시스템이란 단어는 라틴어인 systema에서 유래된 것으로 그 어원은 그리스어의 synistanai(결합한다)에서 찾을 수 있으며 시스템은 "하나의 구역(boundary) 또는 기능(function)단위로 이루어진 여러 개의 독립된 개체가 전체적 목표를 달성하기 위해 유기적으로 결합되어 있는 하나의 집합체를 의미한다. 이러한 시스템은 복잡한 경영관리의 문제를 해결하는 데 큰 도움이 된다. 기업이 하나의 시스템이라면 생산, 구매, 판매 등의 기능을 개별적으로 갖고 있지만, 기업 전체 목적을 위해 존재하는 유기적인 실체다. 이러한 시스템 경영을 통해 다양한 정보가 취합되고, 이를 활용하기 위한 분야는 아래와 같다.

① 조직구조의 변화

시스템 경영을 통한 정보기술의 활용으로 조직 계층 수가 감소하여 인건비가 절감되며, 신속한 의사결정이 가능하게 되어 생산성에 크게 기여한다.

② 재택근무 가능

정보통신기술의 발달로 원격근무가 가능해져 재택근무가 활성화된다. 재택근무는 기업의 입장에서 공간 및 부대비용을 절감할 수 있게 해주고 개인의 입장에서는 자율성을 확보하게 되어 생산성이 향상된다.

③ 고객만족 강화

정보의 활용으로 고객만족을 위한 다양한 마케팅 활동에도 활용된다. 최근 빅데이터를 활용한 마케팅 성공사례를 어렵지 않게 찾아볼 수 있다.

사례

스타벅스의 빅데이터 마케팅 사례

스타벅스는 '마이 스타벅스 리워드'라는 로열티 프로그램을 통해 소비자 정보를 수집, 활용하고 있다. 마이 스타벅스 리워드는 고객 만족 강화를 위해 차별화된 디지털 서비스를 제공하는 앱으로, 이 앱에 쌓인 빅데이터를 통해 고객의 구매 패턴을 분석하고 활용한다. 일례로 스타벅스는 이 앱을 통해 커피를 마시는 사람 중 절반가량인 약 50%가 설탕을 넣지 않는다는 사실을 알아내고 이에 주목했다. 이후 스타벅스는 블랙커피를 설탕을 첨가한 제품과 첨가하지 않은 제품으로 구분하는 등 메뉴를 세분화했고, 소비자들의 호평에 힘입어 매출을 높일 수 있었다. 이처럼 빅데이터는 단순히 고객의 취향을 파악하는 수준을 넘어 새로운 제품과 콘텐츠를 생산하는 단계로 접어들고 있다.

[출처] 제일기획, 〈빅데이터, 소비자의 마음을 꿰뚫다〉 2016.7.13. 발췌

(2) 조직변화전략

한 조직 내에는 여러 개의 사업부와 부서가 존재한다. 조직의 각 하부조직이 하나의 유기체처럼 통합되어 움직일 때 조직의 효율성은 더욱 높아진다. 하지만 각 사업부 혹은 부서에서 자신의 영역에만 관심을 가진 채, 조직 전체에 대해서는 무관심한 경우 '부서 이기주의'가 나타나기도 한다. 또한 정해진 절차와 방식대로 일하거나 고객을 응대하는 등 일의 결과나 효율보다 절차를 중시하는 현상을 '관료주의'라고 한다. 이러한 현상들이 심해지면, 조직 내 많은 병폐를 낳게 된다.

변화관리의 대가인 하버드 경영대학원 교수인 존 코터 교수의 1996년 조사에서는 조직변화 프로그램의 3분의 1 이상이 실패했던 것으로 나왔다. 그리고 그로부터 10년 후 2008년 맥킨지에서 전 세계 기업의 임원 3,199명을 대상으로 한 설문조사에서도 약 60~70%의 변화 프로그램이 실패하는 것으로 나타났다. 예나 지금이나 조직의 변화가 얼마나 어려운지를 나타내는 대목이다. 그렇다면 왜 그렇게 조직의 변화가 어려운 것일까?

① 익숙한 방식대로 행동하려는 구성원들의 관성 때문이다.

우리는 익숙한 것을 좋아한다. 새로운 습관을 받아들일 때도 금새 예전 습관으로 되돌아가는 경우가 상당히 많다. 이것이 바로 관성이다. 존스 홉킨스 의대 학장과 병원장을 역임한 에드워드 밀러 박사에 의하면 심장에 이상이 있어 관상동맥 우회로 조성술을 받은 환자의 90%가 수술 후 2년이 지나도 자신의 생활방식을 바꾸지 않는 것을 관찰할 수 있었다고 한다. 이 정도 큰 수술을 했음에도 불구하고, 변화는 참으로 어려운 것이다.

② 리더만 바뀌면 변화가 쉽게 일어난다는 인식 때문이다.

실제로 조직 내 리더가 조직변화의 중요한 변수는 맞다. 하지만 조직구성원들이 변화에 대한 의지가 없다면 리더십이 제대로 발휘될 수 없다. 리더의 변화도 중요하지만 구성원들 역시 조직변화에 주도적으로 동참해야 한다.

③ 한꺼번에 너무 많은 것을 바꾸려고 하기 때문이다.

조직이 아무리 위기에 처해 있다 하더라도 한꺼번에 많은 것을 바꾸려고 하면 저항도 클 뿐 아니라 성공하기도 쉽지 않다. 작은 행동 변화에서부터 시작해 작은 성과를 빨리 맛보는 것이 변화를 더 쉽게 만든다. 미국 슈퍼볼에서 뉴욕 자이언츠를 두 번이나 우승으로 이끈 코치 빌 파셀스는 이렇게 말했다.

> "나는 훈련을 시킬 때 빠른 시간 내 달성할 수 있는 목표들을 먼저 세운다. 작고 가시적인 목표등을 이뤄 나가면 사람들은 할 수 있다는 생각을 가지게 되고, 패배의 습관에서 벗어나 승리의 습관을 가지게 된다."

④ 구성원의 행동보다는 신념과 가치관을 먼저 바꾸려고 하기 때문이다.

조직이 변화를 준비할 때 비전선포식이나 핵심가치 전파 활동을 통해 커뮤니케이션을 한다. 먼저 가치와 신념을 먼저 전파하고 이에 적합한 변화관리 프로그램을 운영하면 조직이 변화될 것이라는 접근이다. 다이어트에 실패하는 이유는 뭘까? 살이 찌면 건강에 좋지 않다는 것을 몰라서 못하는 것이 아니다. 운동과 식습관 조절을 위한 구체적인 행동을 하지 않기 때문이다. 와튼 스쿨 경영학과 교수로 재직 중인 변화관리의 대가 그레고리 셰어는 이렇게 말했다.

> "리더들은 신념과 가치를 강조하면 자연스레 문화가 조성되어 행동의 패턴이 만들어질 것이라고 생각하지만, 실제로는 행동이 신념과 가치를 변화시키고 문화를 바꾼다."

다음은 변화관리 분야의 바이블로 여겨지고 있는 존 코터의 기업변화전략을 위한 8단계 프로세스에 대해 알아보자.

⊙ 1단계 : 위기감 조성 단계

위기감 조성 단계는 시장 및 경쟁환경을 분석하고, 위기요인과 기회요인을 파악하는 단계이다. 구성원들 사이에 충분한 위기감이 조성되지 않은 상태에서 조직을 변화시키기에는 다소 무리가 있다. 따라서 현재 조직이 처해 있는 경쟁상황, 기술동향, 재무성과 등을 면밀히 분석하여 그 결과를 공유하는 등 현재 그리고 앞으로 예견되는 위기에 대해 공유함으로써 위기감을 조성할 수 있다. 단, 주의해야 할 것은 구성원들이 위기감과 불안감을 혼동하지 않도록 해야 한다.

⊙ 2단계 : 강력한 변화 추진 구심체의 구축 단계

강력한 변화 추진 구심체의 구축 변화관리에 성공하기 위해서는 최고경영자의 적극적인 지원뿐만 아니라, 변화관리를 주도할 강력한 추진 구심체가 필요하다. 초기에 변화에 동조하는 최소한의 인원이 확보되지 않았을 때는 기대했던 결과를 충분히 얻을 수 없게 된다. 최고경영자는 항상 변화의 구심점이 되어야 한다. 경영층 내에서의 높은 위기감은 변화 추진 구심체의 단결에 큰 도움이 된다. 제2단계에서 실패한 기업들은 변화를 창출하는 데 따른 어려움을 과소평가했고, 강력한 추진 구심체의 중요성도 제대로 인식하지 못했다.

⊙ 3단계 : 비전 창조 단계

변화 추진 구심체는 비교적 의사전달이 쉽고 고객, 주주, 구성원 등 모든 이해관계자들에게 호소력 있는 미래 비전을 만들어야 한다. 비전은 5개년 계획 등에서 전형적으로 볼 수 있는 단순한 수치를 의미하는 것은 아니다. 비전은 조직이 변화해 나가야 할 방향을 분명히 이해시켜 주는 역할을 한다. 피부에 와닿는 비전이 없다면, 변화 노력은 조직을 잘못된 방향이나 전혀 엉뚱한 방향으로 몰고 가는 혼란스러운 프로젝트로 전락하기 쉽다. 변화에 실패한 기업들을 보면 계획과 지침, 프로그램은 많았지만, 명확한 비전이 없거나 너무 복잡한 경우가 많다.

⊙ 4단계 : 비전 전파 단계

변화는 수많은 사람들이 비록 단기적으로는 희생을 감수하더라도 이에 참여하겠다는 의지가 없으면 성공할 수 없다. 구성원들은 변화가 유익하다는 믿음이 가지 않으면 비록 현상에 대해 불만이 있어도 자기를 희생하려 하지 않는다. 그러므로 신뢰를 기반으로 하는 의사전달이 없이는 사람들의 마음과 정신을 결코 사로잡을 수 없다. 변화에 성공한 기업의 경영자들은 비전을 전달하기 위해 기존의 모든 의사소통 채널을 활용한다.

⊙ 5단계 : 임파워먼트 단계

성공적인 변화는 프로세스가 진행되면서 많은 사람들이 참여하게 된다. 구성원들은 새로운 시도, 새로운 아이디어 개발, 새로운 리더십 등에 의해 자극을 받게 된다. 경영자들은 이러한 구성원들의 행동이 전체 비전에 부합되도록 유도해야 한다. 변화에 성공하려면 장애물 제거 작업이 필수적이다. 기업 내 변화 노력을 저해하는 장애물은 다양하다. 때로는 조직구조가 장애물이 되고, 잘못된 보상 및 평가시스템이 사람들로 하여금 새로운 비전과 자신의 이익 중에서 어느 것을 선택할 것인지 고민스럽게 만든다. 가장 나쁜 경우는 경영층이 변화를 거부하고 전체적인 변화 노력과 부합되지 않는 요구를 하는 것이다.

⊙ 6단계 : 단기성과 창출 단계

단기성과 창출 단계는 가시적인 성공사례를 의도적으로 계획하고 계획된 성공사례를 실현하여 포상과 격려를 하는 단계다. 진정한 개혁에는 시간이 걸리고, 변화노력은 성취할 만한 단기목표가 없으면 추진력을 잃게 될 수도 있다. 대부분의 사람들은 1~2년 내에 변화 노력의 결과가 가시화되지 않으면 변화의 대열에서 떨어져 나간다. 단기적인 성과가 없으면 많은 사람들이 변화를 쉽게 포기하거나, 변화에 저항하는 사람들이 생기게 된다. 관리자들은 흔히 단기성과를 무리하게 강요한다고 불만을 토로한다. 그러나 이러한 압력이 변화과정에서 커다란 역할을 하게 된다. 대규모 변화에는 오랜 시간이 걸린다고 사람들이 생각하게 되면 긴장의 수준도 떨어진다. 따라서 단기성과를 실현하기 위한 노력은 긴장감을 높여주고, 비전을 명확히 실현할 수 있는 세밀한 분석적 사고를 가지게 한다.

⊙ 7단계 : 성과통합 및 가속 단계

성과통합 및 가속단계는 성공체험을 활용해 보다 큰 과제에 도전하는 단계다. 대부분의 문제점들은 변화과정의 초기에 드러난다. 위기감의 강도가 적절하지 못했거나 추진구심체가 충분한 힘을 가지지 못했고, 비전이 명확하지 못했던 경우가 많다. 승리를 자축하는 것은 좋지만 전투가 끝나기도 전에 최종적인 승리를 선포했다가는 파멸하게 된다. 변화에 성공한 리더들은 승리를 선포하는 대신에, 단기적인 성과로 형성된 신뢰를 활용해서 보다 큰 과제에 도전한다.

⊙ 8단계 : 기업문화로 정착하는 단계

마지막으로, 변화는 '일하는 방식'이 바뀌고, 그것이 기업 내에 체화됐을 때 정착된다. 새로운 행동이 사회규범과 공유가치로 뿌리내리지 못하면, 변화 압력이 제거되자마자 곧 퇴화해 버리게 된다. 변화를 기업문화 속에 정착시키기 위해서는 새로운 접근방법·행동·태도가 성과 개선에 어떻게 도움이 됐는지를 의도적으로 사람들에게 보여주어야 한다. 예를 들면, 경영자 회의에서 성과가 향상된 요인을 토론하고, 사내 신문이나 사보 등을 통해 변화의 성과를 적극 홍보해야 한다.

Level up Mission Step 2

앞서 학습한 바와 같이 변화관리의 어려움 중 그 첫 번째가 '관성'이다. 여러분은 지금까지 살아오면서 개인적인 변화 혹은 새로운 습관을 갖기 위해 노력했으나, 관성 때문에 실패한 사례가 있다면 무엇인지, 그리고 그 이유에 대해 작성해보자.

〈실패 사례〉

〈실패한 이유는?〉

사례

라인 · 페이스북 · 알리바바의 성장 비결?…유연한 기업문화

중국의 대표 IT기업이 된 알리바바는 수평적 문화가 특징이다. 직원들 평균 나이는 30세로 이들이 알리바바의 변화와 도전을 이끌고 있다.

알리바바는 부서 간 인력 이동과 복장, 시간 분배 등 기업 문화가 자유롭다. 복장에 대한 규율이 없다. 부서 간 이동은 팀별 공고를 통해 자유롭게 한다. 업무 보고도 메신저나 이메일을 통해 이뤄진다.

알리바바의 장점은 자유로운 토론 문화에 있다. 사내 커뮤니케이션 플랫폼인 '알리웨이'를 통해 모든 직원들이 업무 평가나 자사 서비스에 대해 자유롭게 토론한다. 포브스는 알리바바의 수평적 문화에 대한 비결로 '닉네임' 제도를 꼽았다. 닉네임 제도가 사내 구조와 권위를 최소화하는 장치인 셈이다.

업계 관계자는 "빠르게 변화하는 IT업계에서는 조직이 변화를 수용하고, 적응할 수 있는지의 여부가 성공과 혁신의 여부를 결정한다." 며 "성공한 글로벌 기업일수록 외부 변화에 대한 수용력이 높고, 도전을 통해 계속해서 자극을 받으며 성장해나가고 있다."고 말했다.

[출처] 이데일리, 〈라인 · 페이스북 · 알리바바의 성장 비결?…유연한 기업문화〉, 2016.6.22. 발췌

학습평가 Quiz

1. 다음 중 괄호 안에 공통적으로 들어갈 말은?

> 조직구조란 조직의 전체목표를 달성하는 데 필요한 수직적, 수평적 정보를 의미한다. 조직구조는 (   )를 통해 알 수 있으며, (   )는 한 조직의 전체적인 활동과 과정을 시각적으로 나타낸 것을 말한다.

① 조직도　　② 조직설계
③ 조직변화관리　　④ MBO

2. 다음은 어떠한 조직구조의 형태를 말하는 것인가?

> 중장기적으로 성장가능성이 높은 새로운 제품, 시장, 개척, 일시적으로 발생한 중요한 경영 문제를 해결하기 위해 파견 형식으로 임시적으로 독립적인 프로젝트 팀을 구성하는 개념

① 프로젝트 조직　　② 매트릭스 조직
③ 라인조직　　④ 라인스태프 조직

3. 시스템 활용과 정보통신기술의 발달로 그 활용분야가 확대되었는데, 다음 중 아닌 것은 무엇인가?

① 조직구조의 변화　　② 이직률 감소
③ 고객만족 강화　　④ 재택근무 가능

4. 다음은 존 코터의 조직변화전략을 위한 8단계 프로세스 중에서 어떤 단계에 대한 설명인가?

> 가시적인 성공사례를 의도적으로 계획하고 계획된 성공사례를 실현하여 포상과 격려를 하는 단계

(   )

5. 존 코터의 기업변화전략을 위한 8단계 프로세스 중에서 그 첫 번째 단계는 '위기감 조성 단계'다. 변화를 이끌어 낼 때 조직 내 위기감 조성은 왜 중요한지 작성해보자.

학습내용 요약 Review (오늘의 Key Point)

1. 조직구조란 조직의 전체목표를 달성하는 데 필요한 수직적, 수평적 정보를 의미한다. 조직구조는 조직도를 통해 알 수 있으며, 조직도는 한 조직의 전체적인 활동과 과정을 시각적으로 나타낸 것을 말한다.

2. 조직구조의 형태는 라인 조직, 라인스태프 조직, 사업부제 조직, 프로젝트 조직, 매트릭스 조직이 있다.

3. 라인 조직은 최고경영자를 정점으로 기업을 핵심 경영 기능에 따라 단위 조직으로 세분화한 개념이다. 라인스태프 조직은 기능별 라인 조직에 전체적인 조정역할을 담당하는 스태프조직을 추가한 형태를 말한다. 사업부제 조직은 기업의 사업 영역이 넓어지고 제품이 다양해지면서, 전통적인 조직의 한계짐을 극복하고자 기능별 조직에 여러 개의 사업부 조직을 결합한 개념을 의미한다. 프로젝트 조직은 중장기적으로 성장가능성이 높은 새로운 제품, 시장, 개척, 일시적으로 발생한 중요한 경영 문제를 해결하기 위해 파견 형식으로 임시적으로 독립적인 프로젝트 팀을 구성하는 개념이다. 매트릭스 조직은 라인 조직의 효율성과 전문성을 활용하고, 각 기능별 조직을 열로, 프로젝트 조직을 행으로 하는 매트릭스를 구성하는 개념이다.

4. 시스템 경영을 통해 그 정보를 활용함으로써 ① 조직구조의 변화, ② 재택근무 가능, ③ 고객만족 강화의 효과를 얻을 수 있다.

5. 각 사업부 혹은 부서에서 자신의 영역에만 관심을 가진 채, 조직 전체에 대해서는 무관심한 경우 '부서 이기주의'라고 하며, 정해진 절차와 방식대로 일하거나 고객을 응대하는 등 일의 결과나 효율보다 절차를 중시하는 현상을 '관료주의'라고 한다.

6. 존 코터의 기업변화 전략을 위한 8단계 프로세스는 다음과 같다.

- ⦿ 1단계 : 위기감 조성 단계
- ⦿ 2단계 : 강력한 변화 추진 구심체의 구축 단계
- ⦿ 3단계 : 비전 창조 단계
- ⦿ 4단계 : 비전 전파 단계
- ⦿ 5단계 : 임파워먼트 단계
- ⦿ 6단계 : 단기성과 창출 단계
- ⦿ 7단계 : 성과통합 및 가속 단계
- ⦿ 8단계 : 기업문화로 정착하는 단계

스스로 적어보는 오늘 교육의 메모

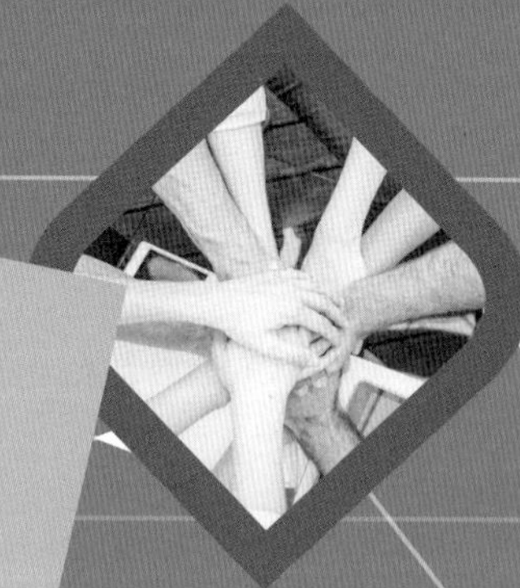

조직문화

Contents

1. 조직문화 개념과 구성요소
2. 조직문화 모형과 구축

Learning Objectives

1. 조직문화 개념과 구성요소에 대해 설명할 수 있다.
2. 조직문화 모형과 구축 방법론에 대해 설명할 수 있다.

6 Chapter

이야기 속으로 ...

두 회사의 조직문화

샤인(Shein)은 매우 다른 두 조직에 대해 기술하고 있다.

조직 A는 다음과 같은 가정하에서 움직인다.

- 아이디어는 궁극적으로 구성원들에게서 나온다.
- 사람들은 책임감이 있고, 의욕이 넘치고, 자신을 관리할 수 있다.
- 진실은 오로지 그룹 안에서 끝까지 투쟁함으로써 얻을 수 있다.
- 그러한 투쟁이 가능한 이유는 조직의 구성원들이 자신들을 서로를 아끼는 가족으로 생각하기 때문이다. 그러므로 안심하고 경쟁하고 투쟁한다.

조직 B는 다음과 같은 가정하에서 움직인다.

- 진실은 오직 나이가 많고 발이 넓고 지위가 높은 구성원들에게서 나온다.
- 사람들은 충성심과 원칙을 갖고 지시를 수행할 수 있다.
- 관계는 기본적으로 일렬종대이다.
- 각자는 조직 내에 침범당하지 않는 편안한 자리를 갖고 있다.
- 조직은 구성원들을 돌봐야 하는 책임이 있다.

A조직의 사무실은 환하게 켜져 있고 문은 거의 열려 있고 사람들은 서성거리고 열심히 대화를 나누고 주장을 펼치며 대체로 격식이 없는 분위기다.

B조직의 분위기는 조용하다. 사무실 문은 모두 닫혀 있으며, 약속과 일정에 없는 일은 하지 않는다. 직급이 높은 사람을 존중하고 복종한다. 공식적인 분위기가 모든 것에 스며있다. 어느 쪽도 잘못된 것은 아니다. 단지 다를 뿐이다.

[출처] 찰스 핸디, 〈최고의 조직은 어떻게 만들어 지는가〉 中 발췌

기업의 조직문화는 마치 눈으로 관찰되는 것이 전부인 것처럼 보이지만, 실제로 구성원들의 생각과 행동은 기업 내에서 무의식적으로 받아들여지는 믿음과 가치의 결과이다. 따라서 기업마다 조직문화는 상이하며, 그 조직의 경영철학, 가치 등을 반영한다. 본 챕터에서는 조직문화의 개념과 구성요소가 무엇인지, 조직문화 모형과 구축방법에 대해 학습해 보고자 한다.

사전진단. Self Check

1. 다음은 무엇에 대한 설명인가?

OOOO는 조직 내에서 역사적으로 형성되어 온 구성원들의 가치관, 행동양식, 조직 고유의 상징 및 특성, 관리관행, 경영이념 등으로 구성되는 조직 특유의 가치체계라 할 수 있다.

① 조직구조　② 직급체계
③ 조직문화　④ 조직이해

2. 다음은 조직문화의 구성요소 7S 중 무엇에 대한 설명인가?

기업체의 구성원들 모두가 공동으로 소유하고 있는 가치관과 이념

① 공유가치　② 리더십 스타일
③ 조직문화　④ 경영철학

3. 조직이 몇 가지 서로 상호 모순되는 가치들을 동시에 만족시킬 수 있어야 높은 성과를 얻을 수 있다고 주장한 학자는 누구인가?

① 존 퀸(Robert E. Quinn)　② 스티븐 코비
③ 피터 드러커　④ 찰스 핸디

1. 조직문화의 개념과 구성요소

(1) 조직문화의 개념

조직문화는 조직 내에서 역사적으로 형성되어 온 구성원들의 가치관, 행동양식, 조직 고유의 상징 및 특성, 관리관행, 경영이념 등으로 구성되는 조직 특유의 가치체계라 할 수 있다. 조직문화는 기업 내의 모든 구성원들이 공유하는 가치체계, 신념, 믿음 등을 포함한 종합적 개념으로, 기업문화는 그 조직의 최고경영자의 경영기반을 토대로 형성되고, 기업의 모든 구성원들은 자연스럽게 습득하게 된다. 기업문화는 구성원들의 행동과 사고에 영향을 미치고, 조직을 하나로 모으는 효과가 있다.

(2) 조직문화의 구성요소

글로벌 전략컨설팅 회사인 맥킨지(McKinsey)에 의해 개발된 모형인 7S모형은 기업문화를 이해하는 데 가장 실질적인 도움을 주는 개념이다. 이 개념은 일본 기업과 미국 우수기업의 기업문화 연구에서 제시되었는데, 기업문화를 구성하고 있는 일곱 가지의 중요 요소

[그림 6-1] 맥킨지 7S 모형

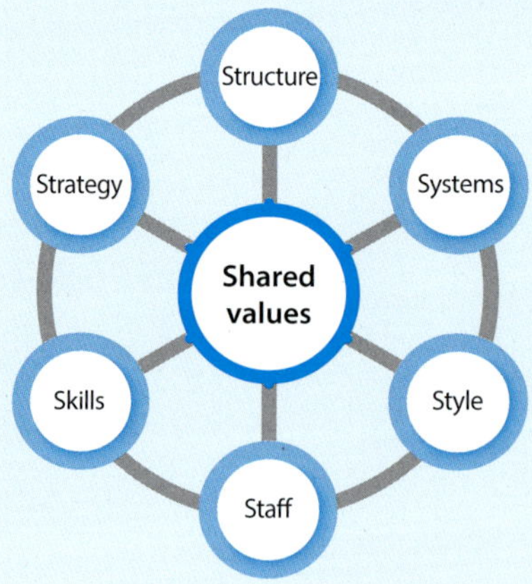

늘이 모두 S자로 시작되기 때문에 기업문화의 7S 개념으로 불린다. 이들 일곱 가지 구성요소를 요약하면 다음과 같다. (그림 6-1 참조)

① 공유가치(Shared Values)

기업문화의 첫째 구성요소는 기업체의 구성원들 모두가 공동으로 소유하고 있는 가치관과 이념 그리고 전통가치와 기업의 기본 목적 등 기업체의 공유가치이다. 공유가치는 다른 기업문화 구성요소에 지배적인 영향을 줌으로써 기업문화 형성에 가장 중요한 위치를 차지한다.

② 전략(Strategy)

기업문화의 두 번째 구성요소는 기업체의 장기 방향과 기본 성격을 결정하는 경영전략으로서, 기업체의 장기적인 목적과 계획 그리고 이를 달성하기 위한 장기적인 자원배분패턴을 포함한다. 기업체의 전략은 기업의 이념과 목적 그리고 기본가치를 중심으로 이를 달성하기 위한 기업체 운영에 장기적인 방향을 제공함으로써 다른 기업문화 구성요소들에게 많은 영향을 준다.

③ 구조(Structure)

구조는 기업체의 전략을 수행하는 데 필요한 틀로서 조직구조와 직무설계 그리고 권한관계방침 등 구성원들의 역할과 그들 간의 상호 관계를 지배하는 공식요소들을 포함한다. 따라서 구조는 관리시스템과 더불어 구성원들의 일상 업무수행과 행동에 많은 영향을 준다.

④ 관리시스템(System)

기업문화를 구성하는 또 하나의 중요요소는 기업체 경영의 의사결정과 일상운영에 틀이 되는 관리제도와 절차 등 각종 시스템이다. 따라서 시스템은 기업체의 기본가치와 일관성 있고 장기적인 전략목적 달성에 적합한 보상제도와 인센티브, 경영정보와 의사결정시스템, 경영계획과 목표설정시스템, 결과측정과 조정, 통제 등 경영 각 분야의 관리제도와 절차를 포함한다.

⑤ 구성원(Staff)

기업문화는 기업체 구성원들의 행동을 통하여 실제로 나타난다. 따라서 구성원은 기업문화의 구성요소로서 기업체의 인력구성과 구성원들의 능력, 전문성, 가치관과 신념, 욕구와 동기, 지각과 태도 그리고 그들의 행동패턴 등을 의미한다. 구성원들의 가치관과 행동은 기업체가 의도하는 기본가치에 의하여 많은 영향을 받고 있고, 인력 구성과 전문성은 기업체가 추구하는 경영전략에 의하여 지배되는 것이 사실이다.

⑥ 기술(Skill)

기술도 기업문화를 형성하고 있는 중요요소로서 각종 기계, 장치와 컴퓨터 등 생산 및 정보처리분야의 물리적 하드웨어(hardware)는 물론, 이를 사용하는 소프트웨어(software) 기술을 포함한다. 그뿐 아니라 구성원들에 대한 동기부여와 행동강화, 갈등관리와 변화관리, 목표관리와 예산관리 등 기업체 경영에 적용되는 관리기술과 기법도 포함한다.

⑦ 리더십 스타일(Style)

기업문화의 마지막 구성요소는 구성원들을 이끌어 나가는 전반적인 조직 관리 스타일로서 구성원들의 행동 조성은 물론, 그들 간의 상호 관계와 조직 분위기에 직접적인 영향을 주는 중요 요소이다. 기업체의 개방적, 참여적, 온정적, 유기적 성격 등은 일상 경영에 적용되는 관리 및 리더십 스타일로부터 많은 영향을 받으면서 형성된다.

Level up Mission Step 1

아래 성공적인 조직문화를 안착시킨 기업들의 [사례]를 학습하면서 가장 인상깊었던 기업의 조직문화는 무엇이며, 그렇게 생각한 이유에 대해 작성해보자.

사례

성공적인 조직문화를 안착시킨 기업들

사람들은 '일하고 싶은 즐거운 회사' 하면 아무래도 세계적인 기업들을 먼저 떠올리곤 합니다. 막연하게 복지가 좋다든지 평등한 조직구조를 가지고 있다는 선입견만으로는 앞서가는 글로벌 기업들의 정확한 실체를 알기 어렵습니다. 과연 성공한 글로벌기업들은 어떤 조직문화를 가지고 있는지, 어떻게 임직원들의 능률을 향상시켜 조직을 사랑하게 만들었는지 그 원동력을 사례별로 살펴봅니다.

■ 페덱스(FedEx)

페덱스의 설립자 프레드릭 스미스 회장은 늘 페덱스 비즈니스 성공의 중심에는 세계 곳곳에서 근무하고 있는 직원들이 있다고 말합니다. 페덱스는 '모든 직원이 비전을 공유하기 전에는 초우량 기업이 될 수 없다'는 경영철학을 가지고 있는데요. 즉, 내부 고객인 직원들이 근무 환경에 만족하면 서비스의 질도 자연스럽게 향상되며, 서비스의 질 향상은 결국 소비자 만족으로 이어져 회사의 수익을 창조한다는 철학인 것이죠.

이 밖에도 페덱스는 직원들에게 자긍심과 책임감을 길러주기 위해 회사 항공기에 직원이나 직원의 자녀 이름을 새길 수 있도록 하고 있으며, 이는 페덱스의 직원 중심 문화의 대표적인 사례로 꼽힙니다. 이러한 조직문화 속에서 직원들은 책임감을 가지고 자신의 회사를 성장시켜 왔습니다.

■ 일본항공(JAL)

일본항공을 위기에서 살린 이나모리 가즈오 회장의 '아메바 경영'은 한때 전 세계적으로 주목을 받았습니다. 모든 사원이 경영에 참여하고 있다는 의식을 가지게 만들어, 경영자의 시각으로 업무를 바라볼 수 있도록 만드는 것이 가장 큰 목적인데요. 아메바 경영은 작은 조직 단위로 문제점을 파악하고 결과도 빠르게 산출되기 때문에 발 빠른 대응이 가능한 장점을 가지고 있습니다.

따라서 모든 직원이 동일한 가치관을 가지게 할 수 있도록 경영이념을 명확하게 하고 이를 직원들에게 침투시키는 것이 필수적인데요. 직원들이 단순 종사자가 아닌 그들의 지혜와 노력으로 목표를 달성해서 직원 모두가 업무에서 주역이 되고 자주적으로 경영에 참여하는 '전원 참가경영'을 실현시킨 일본항공의 조직문화는 회사와 직원들을 위기에서 기사회생시킨 원동력입니다.

■ 하이네켄(Heineken)

'책임감 있는 음주문화 캠페인(E.H.R : Enjoy Heineken Responsibly)'은 하이네켄이 세계적 기업으로써의 역할에 충실하고자 책임감 있는 음주문화를 정착시키겠다는 목표를 가지고 시작한 글로벌 캠페인입니다. 이러한 기업의 의사를 더욱 강하게 표현하기 위해 하이네켄은 직원채용 또한 '책임감'이라는 연장선상에서 진행하여 화제를 끌었습니다.

2013년 하이네켄이 유튜브 등을 통해 선보인 '후보자(The Candidate)'라는 인기영상은 하이네켄에 지원한 1천700여 명의 지원자 중 직원을 선발하는 과정을 담고 있습니다. 일반적으로 채용면접 시 지원자들의 장 · 단점, 지원이유, 경력 등을 묻는 것과 달리 하이네켄에서는 면접관이 면접 도중 쓰러지는 상황, 건물 옥상에서 벌어지는 자살소동 등을 연출해 지원자들의 책임감, 소신, 용감성 등을 테스트했습니다. 결국 돌발상황들에 당황하지 않고 용감하게 대처한 지원자가 인터넷 투표에서 가장 많은 표를 받아 최종 합격하게 되었습니다.

사람의 인성을 중시하고 책임감을 강조하는 회사의 가치관을 인재채용에서부터 적용하여, 직원들에게 브랜드의 가치관을 체화시키고, 대외적으로도 기업문화를 홍보하여 톡특한 하이네켄만의 조직문화를 보여주었습니다.

■ 사우스웨스트항공(Southwest Airlines)

'우리의 사람들은 우리의 가장 크고 유일한 힘이자 지속적인 경쟁우위 요소이다' (Our people are our single greatest strength and most enduring longterm competitive advantage). 이 문구는 사우스웨스트항공 홈페이지에 써놓은 개리 켈리 CEO의 인사말입니다.

사우스웨스트항공이 업계 후발주자임에도 시장에서 자신만의 독자적인 위치를 확보하고 소비자들에게 기존 항공사와는 다른 차별적인 성공사례로 꼽힌 이면에는 이러한 사우스웨스트의 '가족정신'이 기반되었습니다.

회사가 직원들을 종업원이 아닌 가족으로 대하기 때문에 직원들 간에는 강한 신뢰가 존재하며,

이를 바탕으로 매우 활발한 의사소통과 정보공유가 일어난다고 합니다. '가족정신'이 깊어질수록 사우스웨스트라는 이름에 먹칠하지 않아야 한다는 임직원들의 진실된 마음은 강해졌으며, 자연스럽게 생산성도 높아졌습니다. 누군가에게는 단순히 일터의 의미만이 있을 수 있는 '회사'라는 이름 아래, 단단하게 뭉쳐져 있는 사우스웨스트의 가족들은 오늘날 많은 기업들에게 큰 울림을 줍니다.

■ 인텔(intel)

인텔을 대표하는 기업 문화는 '평등'입니다. 이 평등문화는 임원에서부터 말단 직원까지 차별을 두지 않고 이어져왔습니다. 과거 인텔의 최고경영자였던 앤디 그로브는 전용주차장이 없어 주차를 하기 위해 회사를 몇 번이나 돌기도 했는데요. 1997년 앤디 그로브가 『타임』이 선정한 올해의 인물에 뽑힌 날, 인텔의 직원들이 그를 위해 주차구역 하나를 선물해 주었다는 유명한 일화가 있습니다.

인텔이 평등문화를 강조하는 이유는 차별과 특혜가 직원들의 창의력을 떨어뜨린다고 생각했기 때문입니다. 이러한 평등문화 속에서 직원들 간의 자유로운 생각과 의견교환이 중요하게 여겨졌는데요. 인텔은 새로운 개선점을 제안하는 과정에서도 직원들이 기존방식의 문제점들을 냉정하게 비판하길 원했습니다. 이러한 인텔의 기업문화로 인해 기술개발의 방향을 정할 때면 직원들 각자가 소신대로 의견을 내놓았고 격의 없는 논쟁의 분위기가 형성되었습니다. 이런 인텔의 조직문화는 수많은 IT 기업들에게도 영향을 끼쳤는데요. 특히 스티브 잡스의 애플(Apple)은 인텔의 평등문화를 그대로 받아들인 회사로 유명합니다.

성공한 기업들은 회사와 직원들이 같은 목표를 가지고 함께 유기적으로 움직인다는 공통점이 있습니다. 직원들이 각자 맡고 있는 업무에 몰입할 수 있는 책임감과 유연한 조직문화가 갖춰져야만 어떠한 위기에도 선제적으로 대응할 수 있는 강한 조직을 만들어갈 수 있을 것입니다.

[출처] GS칼텍스 사보, '성공적인 조직문화를 안착시킨 기업들', 2016.4.27. 발췌

2. 조직문화 모형과 구축

(1) 조직문화 모형

퀸(Robert E. Quinn)에 의하면 조직은 몇 가지 서로 상호 모순되는 가치들을 동시에 만족시킬 수 있어야 높은 성과를 얻을 수 있다고 했다. 이는 신축성과 질서라는 측면과 외부지향과 내부통합이라는 측면의 모순된 가치를 강조했다. 이를 그림으로 표시하면 아래와 같다.

[그림 6-2] 조직문화의 사분면

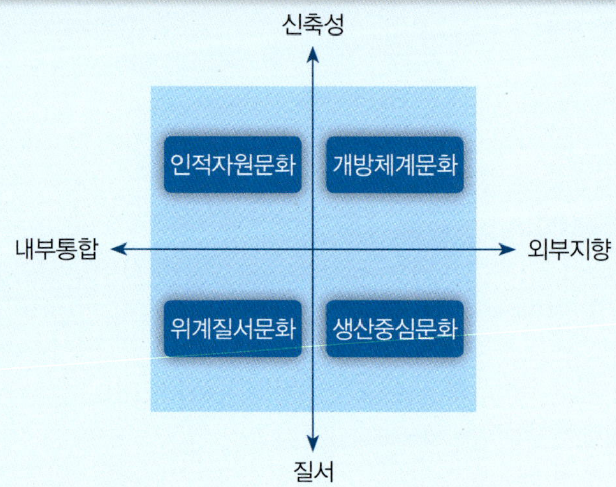

① 인적자원문화

가족같은 운명공동체를 지향하며, 참여와 안락, 충성심에 기반을 둔 조직풍토를 보여준다. 이러한 문화를 가진 조직에서의 성공기준은 팀워크를 얼마나 잘 형성하는지에 달려 있다.

② 개방체계문화

곤란을 겁내지 않고 위험을 기꺼이 감수하는 개방체계문화는 동적이며 도전적이다.

이러한 조직에서의 성공기준은 신제품 개발과 같은 창의성, 독창성 내지는 차별성이 잣대가 되며, 혁신과 자율성을 최대한 보장하는 관리형태를 보인다.

③ 위계질서문화

위계서열이라는 단어가 의미하듯이 공식적이고 딱딱함을 주요 특성으로 하는 문화이다. 조직에서 원하는 목표나 기대치가 확실하기 때문에 빈틈없는 계획과 효율성, 그리고 원가절감과 같은 기준이 성공의 잣대가 된다. 관리형태는 고용안전을 최대한 보장하며, 안정적인 조직을 이끌어 가는 것이라고 할 수 있다.

④ 생산중심문화

경쟁지향적인 생산중심문화는 경쟁에서 승리하는 것을 기본 전제로 하여 시장침투력과 시장점유율, 경쟁의 우위를 우선시 한다. 따라서 경쟁능력을 배양하고 생산성을 향상시키는 방향으로 관리, 감독하는 모습을 보인다.

이와 같이 퀸의 네 가지 조직문화 형태로 나누고 있지만, 하나의 문화에만 사로잡혀서는 안 되며, 네 가지의 역설적인 가치들이 모두 넘치지도 부족하지도 않은 균형된 상태를 유지해야 한다.

(2) 조직문화 구축

"고성과 조직문화는 놀라울 정도로 간단한 데서 시작한다. 바로 직원들이 '왜 일하는가'하는 이유가 핵심이다."

- 〈무엇이 성과를 이끄는가〉의 지지 닐 도쉬 / 린지 맥그리거 -

1980년대 중반 로체스터 대학의 에드워드 데시와 리처드 라이언은 인간의 동기요인에 관한 대담한 프레임워크를 제시했다. 사람들이 어떤 행동을 하는 이유를 정리해 하나의 스펙트럼으로 설명한 것이다. 아래 그림을 보듯이 위의 세 가지 동기는 직접동기요인으로, 행위와 직접적으로 관련이 있고 성과를 이끌어내는 데 결정적인 역할을 한다. 반면 아래의 세 가지 동기는 간접동기요인으로 업무에서 더욱 멀어졌으며, 주로 성과에 악영향을 미친다. 이제 직접동기부터 하나씩 살펴보자.

[그림 6-3] 6가지 동기요인

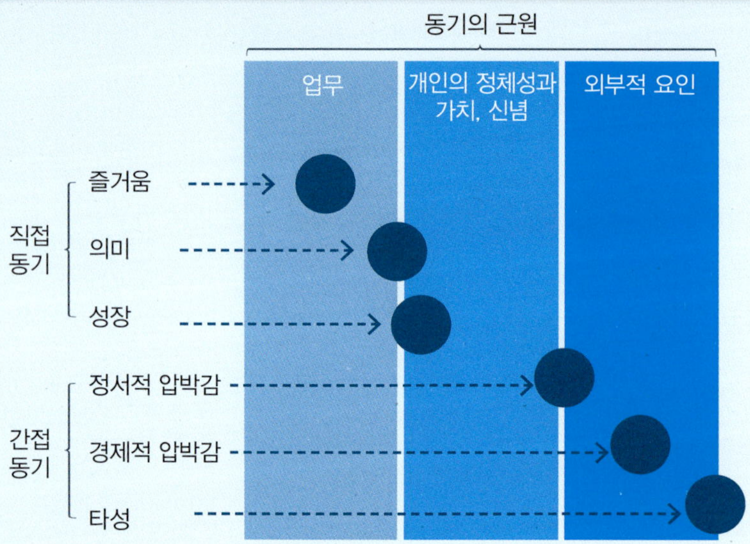

① 일의 즐거움

어떤 일을 하는 동기가 '일의 즐거움'에 있을 때 그 시도는 성공할 확률이 높다. 즐거움 동기는 단지 어떤 일을 좋아해서 그 일을 할 때 생긴다. 일 자체가 보상인 셈이다. 과학자들은 이 동기를 '내적 동기'로 분류한다. 조직문화 관점에서 구성원들이 자신의 일터에서 즐거움 동기를 찾을 수 있도록 조직문화를 최우선으로 구축해야 한다.

② 일의 의미

'일의 의미' 동기는 업무에서 한 발짝 멀어진 동기다. 의미 동기는 우리가 어떤 행위를 함으로써 나온 결과를 가치 있게 여기는 것을 의미한다. 일터에서 자신의 가치와 신념이 업무의 결과와 같을 때 의미 동기를 느끼게 된다.

③ 일의 싱징

세 번째 동기는 '일의 성장' 동기다. 성장 동기는 업무를 통해 자신이 목표한 바를 달성하거나, 그 일을 통해서 한 단계 성장 혹은 성숙했다는 감정이 나타날 때 성장 동기를 느끼게 된다.

즐거움, 의미, 성장 동기는 업무에 직접적으로 연관되어 있어 '직접동기'라고 한다. 이 세 가지 동기를 불러일으키는 조직문화는 가장 높은 수준의 성과와 지속 가능한 성과를 만들어 낸다.

④ 정서적 압박감

'정서적 압박감'은 실망, 죄의식, 수치심 등의 감정으로 인해 어떤 일을 제대로 수행할 수 없음을 나타낸다. 예를 들어, 엄마를 실망시키지 않으려고 피아노 연습을 하는 경우, 자존심 때문에 남들이 부러워하는 직업을 그만두지 못하는 경우를 예로 들 수 있다. 일을 하는 이유가 정서적 압박감 때문이라면 성과는 현저히 떨어지게 된다. 높은 성과를 내는 조직문화는 정서적 압박감을 낮춘다.

⑤ 경제적 압박감

'경제적 압박감'은 단지 보상을 받을 목적이나 처벌을 피할 목적으로 어떤 행동을 할 때 발생한다. 이 동기요인의 경우 업무 자체나 개인의 정체성과는 별개다. 직장에서 주로 보너스나 승진을 위해 일하는 경우를 그 예로 들 수 있다. 만약 우리가 어떤 행동을 하는 이유가 단지 돈 때문이라면 대부분 성과는 낮아진다.

⑥ 타성

가장 간접적인 동기는 '타성'이다. 일을 하는 이유가 타성이라면 업무 자체와는 전혀 관계가 없기 때문에 과연 동기가 있는지 소차 확실히 말하기 어려운 상태다.

직접동기는 대체로 성과를 높이고, 간접동기는 일반적으로 성과를 낮춘다. 직접동기가 많고 간접동기가 적을수록 높은 수준의 총 동기가 발생한다. 총 동기는 곧 최고의 성과를 내는 조직문화의 근간이 된다.

Level up Mission Step 2

앞서 학습한 바와 같이 고성과 조직문화를 구축하기 위해서는 직접동기를 강화해야 한다. 기업 입장에서 직접동기, 즉 일의 즐거움, 의미, 성장 동기를 어떻게 강화할 수 있을지 실행 전략에 대한 아이디어를 작성해보자.

사례

高성과 기업에만 있는 7가지 문화

많은 기업들이 불황을 극복하기 위한 쉽고 간단한 해답을 찾고 있다. 하지만, 기업의 성과는 바로 자신들이 말하는 것을 실행에 옮길 때 나타난다는 것을 모르는 것 같다.

〈CEO, Insync Survey〉

시장조사기업 인싱크 서베이(Insync Survey)는 지속가능한 고성과 달성 조직의 7가지 기업 문화를 파악하고자 200개 기업, 10만 명 이상의 직원들을 대상으로 조사한 결과를 분석했다.

고성과 기업은 일의 의미, 목적을 만들어 회사 문화와 직원들의 업무에 스며들 수 있도록 독려한다. 이것들은 리더십, 문화, 메시지로 통합돼 있다. 반면 저성과 기업은 서로서로 격려하는 업무 환경을 조성하지 않고 서로에게 좋은 영향을 끼치는 문화를 만들지 않는다. 이런 회사에는 단순히 출근해서 일하고 월급받고 퇴근하는 직원들만 있다.

고성과 기업만이 가지고 있는 7가지 문화를 이해한다고 해서 직원들의 역량을 100% 활용할 수는 없다. 고성과 기업이 되려면 직원들 스스로 적극적으로 참여하고 일하고 싶도록 만들어야 할 것이다.

1. 열의를 갖게 하는 비전을 제시한다.

고성과 기업의 직원 54%는 고위 간부들이 조직을 위해 열의를 갖게 하는 비전이 있다고 생각한다.

2. 명확한 전략과 목표를 전달한다.

고성과 기업 직원의 69%는 회사 전체의 전략과 그 의미를 이해하고 있다.

3. 직원들이 자기계발할 수 있게 돕는다.

고성과 기업에서는 직원들의 발전과 고용 유지를 위한 효과적인 계획을 가지고 있으며 적임자가 승진할 수 있도록 노력하고 있다.

4. 직원들에 대해 좀 더 알기 위해 노력한다.

고성과 기업의 경영진은 직원들이 회사에 기여하는 바에 대해 알고자 하며 그에 대해 고마워 한다.

5. 직원들을 진실하게 대한다.

고성과 기업의 직원 약 80%는 "회사가 관심을 가지고 내게 약속하기 때문에" 가족과 친구들에게 이 회사를 추천하겠다고 답했다.

6. 고객의 말에 귀 기울이고 이들의 요구를 받아들인다.

고성과 기업의 직원 약 80%는 회사가 지속적으로 장기고객 충성도를 얻는 데 헌신한다고 생각하고 있다.

7. 지속적으로 시스템을 개선한다.

고성과 기업은 확실히 지속적인 개선에 최선을 다하고 있다.

[출처] CIO, 〈高성과 기업에만 있는 7가지 문화〉, 2014.12.24. 발췌

스스로 적어보는 오늘 교육의 메모

학습평가 Quiz

1. 다음 중 괄호 안에 공통적으로 들어갈 말은?

> (　　　)은/는 기업 내의 모든 구성원들이 공유하는 가치체계, 신념, 믿음 등을 포함한 종합적 개념으로, (　　　)은/는 그 조직의 최고경영자의 경영기반을 토대로 형성되고, 기업의 모든 구성원들은 자연스럽게 습득하게 된다. (　　　)는 구성원들의 행동과 사고에 영향을 미치고, 조직을 하나로 모으는 효과가 있다.

① 공유가치　　② 기업문화
③ 변화관리　　④ 경영철학

2. 다음은 조직문화의 구성요소 7S 중 무엇에 대한 설명인가?

> 이것은 기업문화의 구성요소로서 기업체의 인력구성과 구성원들의 능력, 전문성, 가치관과 신념, 욕구와 동기, 지각과 태도 그리고 그들의 행동패턴 등을 의미한다.

① 구성원　　② 리더십 스타일
③ 관리시스템　　④ 전략

3. 퀸(Robert E. Quinn)에 의하면 조직은 몇 가지 서로 상호 모순되는 가치들을 동시에 만족시킬 수 있어야 높은 성과를 얻을 수 있다고 했다. 퀸의 조직문화 모형 중 아닌 것은 무엇인가?

① 인적자원문화　　② 개방체계문화
③ 위계질서문화　　④ 과제중심문화

4. 1980년대 중반 로체스터 대학의 에드워드 데시와 리처드 라이언은 인간의 동기요인에 관한 대담한 프레임워크를 제시했다. 사람들이 어떤 행동을 하는 이유를 정리해 하나의 스펙트럼으로 설명한 것이다. 총 여섯 가지 동기요인 중에서 세 가지 동기는 직접동기, 나머지 세 가지는 간접동기인데, 이 중에서 세 가지 직접동기에 대해 작성해 보자.

①

②

③

5. 인간의 여섯 가지 동기요인 중에서 '즐거움 동기'가 성과에 가장 큰 영향을 끼친다고 하였다. 조직 내에서 구성원들의 '즐거움 동기'가 왜 중요한지 여러분의 생각을 작성해보자.

학습내용 요약 Review (오늘의 Key Point)

1. 조직문화는 조직 내에서 역사적으로 형성되어 온 구성원들의 가치관, 행동양식, 조직 고유의 상징 및 특성, 관리관행, 경영이념 등으로 구성되는 조직 특유의 가치체계라 할 수 있다.

2. 글로벌 전략컨설팅 회사인 맥킨지(McKinsey)에 의해 개발된 모형인 7S모형은 기업문화를 이해하는 데 가장 실질적인 도움을 주는 개념이다. 7S 모형은 공유가치(Shared Values), 전략(Strategy), 구조(Structure), 관리시스템(System), 구성원(Staff), 기술(Skill), 리더십 스타일(Style)을 의미한다.

3. 퀸(Robert E. Quinn)에 의하면 조직은 몇 가지 서로 상호 모순되는 가치들을 동시에 만족시킬 수 있어야 높은 성과를 얻을 수 있다고 했다. 퀸이 주장한 조직문화의 네 가지 형태는 인적자원문화, 개방체계문화, 위계질서문화, 생산중심문화이다.

4. 고성과 조직문화는 놀라울 정도로 간단한 데서 시작한다. 바로 직원들이 '왜 일하는가' 하는 이유가 핵심이다.

5. 1980년대 중반 로체스터 대학의 에드워드 데시와 리처드 라이언은 인간의 여섯 가지 동기요인에 관한 대담한 프레임워크를 제시했다. 직접동기 3가지는 즐거움, 의미, 성장 동기이며, 간접동기는 정서적 압박감, 경제적 압박감, 타성이다.

6. 즐거움, 의미, 성장 동기는 업무에 직접적으로 연관되어 있어 '직접동기'라고 한다. 이 세 가지 동기를 불러일으키는 조직문화는 가장 높은 수준의 성과와 지속 가능한 성과를 만들어 낸다.

7. 직접동기요인는 대체로 성과를 높이고, 간접동기는 일반적으로 성과를 낮춘다. 직접동기가 많고 간접동기가 적을수록 높은 수준의 총 동기가 발생한다. 총 동기는 곧 최고의 성과를 내는 조직문화의 근간이 된다.

업무이해능력

Contents

4
PART

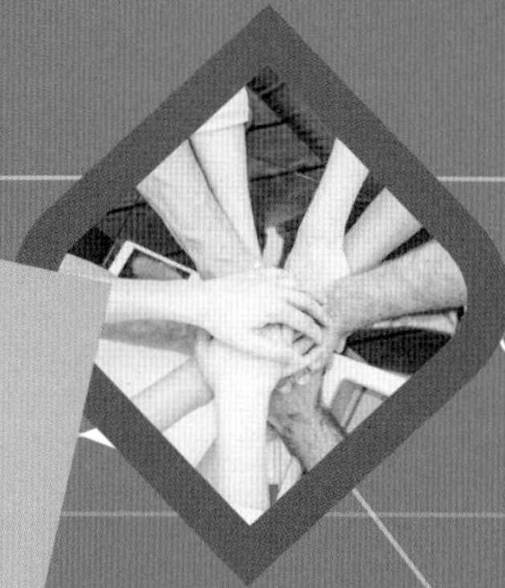

업무의 이해

Contents

1. 업무의 이해와 종류
2. 업무의 수행과 우선순위

Learning Objectives

1. 업무의 이해와 종류에 대해 설명할 수 있다.
2. 업무의 수행과 우선순위 방법에 대해 설명할 수 있다.

7 Chapter

이야기 속으로 ...

커리어넷 설문조사, 신입사원 꼴불견 행동 1위 '업무시간 중 딴짓'

취업포털 커리어(www.career.co.kr 대표 강석린)가 직장인 372명을 통해 '상사 뒷목잡게 만드는 꼴불견 신입사원'에 대한 설문조사를 진행했다.

먼저 '꼴불견 행동을 하는 신입사원 때문에 힘들어 한 적이 있는가'라는 질문에 85.48%가 '있다'고 대답했다.

'신입사원이 하는 꼴불견 행동에는 어떤 것이 있는가(복수응답가능)'에는 '업무시간 중 딴짓하기'가 14.73%로 가장 많은 의견을 차지했다.

(중략)

'가장 답답하게 느껴지는 신입사원의 행동은 무엇인가'라는 질문에는 37.93%가 '여러 번 알려줘도 이해하지 못할 때'를 꼽았다. '모든 팀원이 자신의 행동을 지켜보고 있다는 사실을 모를 때'는 27.59%로 2위에 그쳤다. 그 밖에 '실수를 하고도 실수인지 모를 때'(17.24%), '묻지도 않고 혼자 끙끙댈 때'(15.52%), '회식 자리에서 멀뚱히 있을 때'(1.72%)가 각각 순위를 차지했다.

'이러한 꼴불견 신입사원에게 어떻게 대응하는가'에 대한 답으로는 의외로 단순한 대답이 1위를 차지했다. 45.76%가 '그냥 무시한다'고 답했다. 뒤이어 37.29%는 '따로 불러서 직접 주의를 준다', 16.95%가 '담당 직속 상사에게 얘기한다' 순이었다.

[출처] 커리어넷, 신입사원 꼴불견 행동 1위 '업무시간 중 딴짓', 2015.3.20. 발췌

처음 회사에 입사하면 가장 먼저 하는 프로세스가 바로 근로계약이다. 근로계약(勤勞契約)의 의미는 근로자가 사용자(사측)에게 근로를 제공하고 사용자는 이에 대하여 임금을 지급함을 목적으로 체결된 계약을 말한다. 따라서 신입사원의 입장에서 근로시간에 딴짓을 하는 것은 지양해야 하며, 나의 업무 중 어떤 업무가 가장 중요한지, 어떻게 하면 효율적으로 처리할 수 있을지, 그리고 앞으로 좀 더 체계화, 단순화해야 하는 업무는 무엇인지 고민해야 한다. 본 챕터에서는 업무의 이해와 종류 그리고 우선순위 설정과 효율적인 업무 수행 방법에 대해 학습해 보고자 한다.

사전진단. Self Check

1. 다음은 무엇에 대한 설명인가?

조직에서 OO는 상품이나 서비스를 창출하기 위한 생산적인 활동이다.

① 업무　　② 성과
③ 과업　　④ 목표

2. 다음은 무엇에 대한 설명인가?

업무 및 물품 등을 넘겨받고 물려주는 것

① 발령　　② 인수인계
③ 과제　　④ 직무이동

3. 업무를 수행할 때 일을 분류하면 곧바로 처리해야 할지, 나중에 해야 할지가 명확해지면 필요 이상으로 조급했던 마음이 안정된다. 업무를 시작하자마자 바로 끝낼 수 있는 일과 그렇지 않은 일을 구별하고, 금세 끝낼 수 있는 일이 의외로 많다고 확인되면 차분하게 일을 처리할 수 있다. 이처럼 업무의 중요도를 정해 일을 처리하는 것을 무엇이라 하는가?

① 인수인계　　② 우선순위
③ 실행전략　　④ 업무보고

1. 업무의 이해와 종류

(1) 업무의 이해

조직에서 업무는 상품이나 서비스를 창출하기 위한 생산적인 활동이다. 조직의 목적을 달성하기 위해 중요한 근거가 된다. 입사해서 자리배정을 받은 후 가장 먼저 해야 할 일이 나의 업무가 무엇인지 정확하게 파악하는 것이다. 이때 상사의 도움을 받게 되는데 이를 '인수인계'라 한다. 인수인계란 업무 및 물품 등을 넘겨받고 물려주는 것을 의미한다. 인수인계를 받다 보면 문서화된 서류, USB에 전달받은 파일 등 다양한 형태로 전달받게 된다. 인수인계를 받으면서 잊어버리지 않도록 메모하고, 질문하는 과정이 중요하다. 이런 과정을 통해 드디어 업무가 시작되는 것이다.

업무이해를 높이는 방법

1. 선배의 경험을 알 수 있는 서류나 매뉴얼이 있으면 확보한다.
2. 인수인계받은 자료는 시간 날 때 틈틈이 모두 읽어본다.
3. 나의 업무 중 가장 중요한 업무가 무엇인지 파악한다.
4. 과거에 시행착오를 겪었던 일이 무엇인지 파악하고, 이에 대비한다.
5. 매일, 주간, 월간 단위로 반복되는 업무가 무엇인지 파악한다.
6. 인수인계 중 이해가 안 되는 부분이 있다면 반드시 물어본다.
7. 메모하는 습관을 갖도록 하고, 틈틈이 읽어본다.

조직에는 다양한 업무가 있는데, 이를 흔히 '직무'라고 불리운다. 직무란 과업 및 작업의 종류와 수준이 비슷한 업무들의 집합으로서 특히 직책이나 직업상 책임을 갖고 담당하여 맡은 일을 의미한다. 즉, 어느 정도 비슷한 업무 내용을 가진 직위들을 하나의 관리 단위로 설정한 것이 직무이다. 이와 같이 여러 업무의 맡은 일을 하나의 직무로 편성하는 일은 인사관리상의 중요한 작업의 하나이다.

또한 조직 내에서 직무의 성질이 유사한 직렬(職列)을 한데 묶은 것을 '직군'이라 한다. 일반적으로 경영지원직군, 영업직군, 생산직군, 연구개발직군(R&D직군) 등으로 표기한다. 예를 들어, 인사, 총무, 재경 등을 한데 묶어 경영지원직군, 경영지원부문이라 부르며, 이러한 묶음의 단위를 '직군'이라 한다.

(2) 업무의 종류

앞서 설명한 바와 같이 조직에는 다양한 업무들이 있고, 이를 직무, 직군이라는 단어로 표현한다. 가장 대표적인 4개의 직군과 그 하부에 있는 직무는 아래와 같다.

업무의 종류

경영지원직군 | 경영지원직군 | 경영지원직군 | 경영지원직군

① 경영지원직군

경영지원직군은 영업과 생산을 지원하는 업무를 수행하는 직무군이다. 지원직군에는 크게 인사, 재경, 총무, 법무 등의 직무로 구성되어 있다. 이 직군은 영업과 생산을 원활하게 하여 회사 전략 달성을 위한 초석을 마련하는 업무를 수행하고 있다.

② 영업직군

영업직군은 생산된 제품을 고객 접점 활동을 통해 판매하는 역할을 하고 있다. 영업직군에서는 기존 고객 및 잠재 고객을 발굴하고, 고객의 니즈에 맞는 제품을 판매하여 회사의 수익 창출에 기여하고 있다. 영업은 각 회사별로 생산하는 제품 및 고객 범위에 따라 세부 직무가 나뉘게 된다. 해외영업의 경우 해외시장의 고객을 발굴하여 회사의 글로벌 역량을 강화시키는 역할을 하고 있다.

③ 생산직군

생산직군은 생산계획을 수립하고, 고객이 원하는 제품을 적기에 제조, 지원하고 있다. 직접 생산을 관장하며 엔지니어 역할을 수행하는 제조 직무 외에도 이 분야에는 설비보전, 품질관리 등의 직무가 있다. 설비보전 직무는 현장이 효율적으로 운영되도록 하며, 품질관리는 품질경쟁력을 확보하여 회사 내의 품질경영시스템을 구축하는 업무를 수행하고 있다.

④ R&D직군

R&D직군은 신제품을 연구/개발하여 사업영역을 확장해가는 업무를 수행하고 있다. 이 분야 내의 직무는 크게 연구개발과 연구개발기획으로 구분될 수 있다. R&D 분야는 신기술을 바탕으로 생산성 향상 및 신사업 발굴을 한다는 점에 있어서 회사의 사업영역을 확장해 나가는 업무를 수행하기에 더욱 그 중요성이 커지고 있다.

Level up Mission Step 1

본문 내용에서 학습한 것을 토대로 앞으로 내가 취업을 한다면 어떤 직군에서 어떤 직무로 일하게 될지 그리고 업무이해도를 높이기 위한 나만의 실행전략을 작성해보자.

사례

처음 맡은 일부터 잘하기

직장생활을 하면서 누구나 느끼는 것이지만 처음에 일을 할 때는 어리둥절하게 됩니다. 하물며 사회생활 초년병이, 더군다나 처음 맡은 일을 잘하기란 그다지 쉬운 일은 아닐 것입니다. 하지만 어차피 넘어야 할 산이라면 자신있게 행동하십시오. 그리고 아는 것도 다시 한 번 물어보십시오.

처음 맡은 일이 전혀 쓸데없이 보이는 복사나 분류, 메모 등이라면 이런 일들이 가장 기초가 되는 회사업무임을 명심해야 합니다.

Key Point

1. 모든 일에 자신을 가지고 행동하라.
2. 단순한 일이라면 일단 선배가 해온 방식대로 몇 번 하다가 더 좋은 방법이 있으면 선배에게 제안한다.
3. 자신과 비슷한 일을 하는 사람들을 눈여겨보고 배울 점이나 편리한 방법이 있으면 배우거나 모방해 본다.
4. 일이란, 간단한 심부름, 복사, 분류, 메모 등 기본이 되는 일부터 잘하는 것이 중요하다.
5. 일이란, 하는 것도 중요하지만 보여주는 것도 중요하다. 먼저 할 일부터 분류한다.
6. 신입사원에게는 순서를 맞추는 단순한 일이 많이 주어진다.
7. 모르는 것이 있으면 서슴치 말고 질문하라.
8. 사소한 일이라도 중요시 여겨라.

[출처] 조용문, '신입사원이 알아야 할 A에서 Z까지', 리빙북스, 2006

2. 업무의 수행과 우선순위

(1) 업무의 수행

업무를 재빠르게 이해하고, 이를 수행하기 위해서는 나 자신의 노력뿐만 아니라 주변 동료나 상사의 도움이 필요하다. 입사 후 첫 직장에서 어떤 선배나 상사를 만나느냐는 앞으로의 직장생활에 있어 매우 중요하다. 따라서 나와 동료 그리고 상사와 함께 업무 수행을 잘하기 위한 다섯 가지 실행 전략은 아래와 같다.

① 오늘 할 일을 메모하자.

일을 하다 보면 계획을 세운 대로 이루어지지 않을 때가 많다. 상사가 새로운 일을 부탁하거나 혹은 뜻하지 않은 회의가 잡히면 예정된 일정을 마치지 못하는 경우가 발생한다. 따라서 메모를 해두었다가 가장 중요한 일은 놓치지 않고, 오늘 마친다는 마음으로 업무를 수행해야 한다.

② '왜'라는 의문을 갖자.

상사가 업무를 시키면 '네, 알겠습니다.'라고 대답하고, 아무 생각없이 주어진 업무를 수행하지 말자. 상사가 이 일을 시킨 의미와 목적에 대해 고민해 보고, 궁금한 사항이 있다면 질문을 하는 적극적인 업무수행의 자세가 필요하다.

③ 주간, 월간 계획표를 작성하자.

업무를 하다 보면, 매일, 주간, 월간 단위로 반복되는 업무가 있다. 반복적으로 고정된 일정은 잊어버리지 않도록 미리 체크해두자.

④ 잘못된 일이 있으면 빨리 보고하자.

업무를 수행하다 보면, 기대한 만큼 일이 성사되지 않는 경우가 있다. 누구나 이러한 시행착오를 겪으며, 문제해결능력과 위기대처능력을 키우게 되고, 한 단계 성장하는 계기가 된다. 잘못된 일은 감추지 말고, 빨리 보고를 하고, 일이 더 커지기 전에 수습을 해야 한다. 자신의 작은 실수라도 보고가 늦어지면 회사에 큰 손실을 끼칠 수 있기 때문이다.

⑤ 주변을 정리정돈하자.

평소에 자기 주변을 정리정돈하자. 업무를 수행하다 보면 산더미처럼 쌓인 서류들로 어수선하기 마련이다. 이 때문에 서류를 찾을 때 시간이 오래 걸리거나 물건을 잃어버리는 일이 잦다. 주위 사람들로부터 '정리 좀 하라'는 지적을 받는 경우도 생긴다. 정리정돈을 잘 하는 비결은 '버린다 → 모은다 → 둘 곳을 정한다 → 유지한다'를 순서대로 하는 것이다. 이 중에서 가장 중요한 것은 버리는 것이다. 책상이 온갖 서류와 물건들로 어지럽게 흐트러져 있다면 먼저 필요 없는 것이 무엇인지부터 생각해보자. 불필요한 서류, 불필요한 메모 등 불필요한 것은 과감하게 버려야 한다.

(2) 업무의 우선순위

① 업무의 우선순위를 설정하는 방법

업무를 수행할 때는 '우선순위'와 '완성까지 필요한 시간'이라는 두 가지를 축으로 눈앞의 일을 분류해야 한다. 우선 일을 우선순위에 따라 분류한다. 우선순위에 따라 일을 분류하면 곧바로 처리해야 하는 일이 무엇인지 명확해지고 필요 이상으로 조급했던 마음이 안정된다. 다음으로 완성까지 필요한 시간이 얼마나 되느냐에 따라 정리한다. 시작하자마자 바로 끝낼 수 있는 일과 그렇지 않은 일을 구별한다. 금세 끝낼 수 있는 일이 의외로 많다고 확인되면 차분하게 일을 처리할 수 있다.

A, B, C, D 각 항목에 일을 분류한 후에는 우선순위가 높고 완성까지 긴 시간이 걸리는 일(A)부터 처리한다. 아무리 노력해도 마감 시간에 맞출수 없다고 판단되면 지체하지 말고 바로 대처해야 한다. 고객이나 상사에게 먼저 연락해 현재 상황을 설명하고 마감일을

[그림 7-1] 우선순위 설정 매트릭스

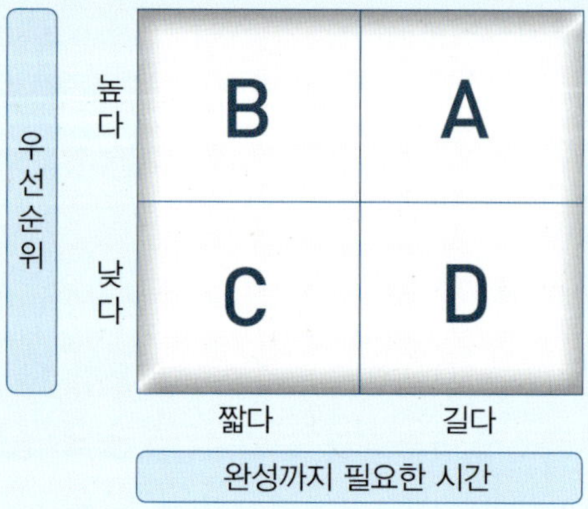

재설정하는 수밖에 없다. 마감일까지 불가능한 일을 붙들고 있다가 마감 당일에 물벼락을 맞기보다는 먼저 연락해 다음 액션을 취하는 편이 더 현명하다.

다음은 우선순위가 높고 바로 완성할 수 있는 일(B)을 수행한다. 이 일을 눈앞에서 정리해 놓으면 마음이 꽤 편안해질 것이다. 그 후 마감일을 연장시켜 두었던 우선순위가 높고 완성까지 시간이 걸리는 일(A)을 차분히 시작한다. 우선순위가 낮은 일은 그 후에 시작한다. 짧은 시간에 완료 할 수 있는 일(C)은 리스트에서 하나하나 지워가면 된다. 마지막으로 우선순위가 낮고 시간이 걸리는 작업(D)을 수행한다.

② 일의 효율을 높이는 방법

새로운 일을 지시받은 즉시 5분 동안 생각을 하면 작업 효율이 획기적으로 높아진다. 어떤 일이든 일단 시작해 보면 업무를 지시받은 당시에는 생각하지 못했던 새로운 의문점이 생기게 마련이다. 이런 경우 바로 상사에게 확인을 하자. 초보적인 사항에 대한 의문일수록 그 자리에서 바로 확인해야 실수를 최소한으로 줄일 수 있다. 한참 시간이 지나 물어보게 되면 업무지시를 제대로 못 받은 것처럼 보여질 수 있다.

그리고 5분 동안 업무스케줄에 대해 계획을 생각해 보자. 그리고 마감일을 정해보고,

마감일 전에 상사에게 보고하는 일정을 스스로 잡아보자. 그렇게 하면 일의 속도가 빨라진다. 또 자신이 업무를 진행하다가 부딪히는 과제가 생길수록 그만큼 상사와 소통을 할 수 있다. 마감일을 일찍 설정하고 일에 바로 착수하면 그만큼 일의 효율성도 높아진다.

Level up Mission Step 2

앞서 학습한 바와 같이 업무 수행을 잘하기 위한 다섯 가지 실행전략 중에서 지금부터 습관화하고자 하는 실행전략이 있다면 무엇이고, 그 이유에 대해 작성해보자.

사례

효율적인 직장인이 되기 위해 버려야 할 13가지 나쁜 습관

효율적으로 일한다는 것은 단순히 열심히 일하는 것을 의미하는 것이 아닌, 주어진 시간에 최대한 많은 일을 똑똑하게 해내는 것을 의미한다. 물론 이렇게 하는 건 쉽지 않으나 몇 가지 '나쁜 습관'을 버리는 것만으로도 충분히 가능하다. 이 글에서는 효율적으로 일하기 위해 우리가 버려야 할 13가지 '나쁜 습관'을 소개한다.

1. 충동적인 웹서핑

인터넷에 24시간 연결되어 있다는 사실은 사람들로 하여금 일하는 도중 한눈을 팔게 만든다. 이를테면, 일하다 떠오른 질문에 대한 대답을 찾기 위해 인터넷을 뒤적거리듯 말이다. 이러한 이유 때문에 쿠오라(Quora)의 이용자인 수레쉬 라티탐은 노트에 '생각이나 질문을 적어두기'를 권한다. 이 방법을 통해 당신은 일하는 도중이 아닌, 남는 시간을 이용해 정보를 찾을 수 있다.

2. 멀티태스킹

대부분의 사람들이 한 번에 여러 일을 해결할 수 있다고 생각한다. 하지만 한 연구 결과에 따르면 전체 인구의 2%만이 효율적으로 멀티태스킹을 할 수 있다고 한다. 따라서 대부분의 평범한 우리에게 멀티태스킹이란 집중력은 물론 생산성 또한 저하하는 나쁜 버릇일 뿐이다.

3. 끊임없는 이메일 확인

인터넷에 계속 연결되어 있다는 건 사람들로 하여금 이메일을 지속적으로 확인하게끔 만든다. 안타까운 사실은 당신이 이메일을 한 번 확인할 때마다 업무 시간을 25분씩 잃어버리고 있다는 것이다. 전략 컨설턴트 론 프레드먼은 일에 깊게 집중하는 30분 단위로 아웃룩(Outlook), 이메일 창, 그리고 스마트폰을 꺼버리는 걸 제안했다.

4. 도덕적 허가 효과(Moral Licensing)

다이어트에 있어서건, 업무 습관이나 스케줄에 있어서건, 새로운 습관을 만드는 데 있어서 가장 어려운 부분은 특정 행동이 습관화될 때까지 자신에게 보상을 주는 행위이다. 일주일간 돈을 아끼다 이후 펑펑 쓰는 걸 '정당화'하는 행위에 대해 우리는 "도덕적 허가 효과(Moral Licensing)"라고 부른다. 그리고 이 "도덕적 허가효과"는 대부분의 사람들로 하여금 그들의 계획이 애초에 자기 개발을 위한 것이었다는 사실을 망각하게끔 만든다.

따라서 위의 방식 대신, 당신의 목표가 곧 당신 자신이 되도록 만들어야 한다. 예를 들면, 돈을 아끼고자 하는 계획을 세웠다면 당신 스스로를 근검절약하는 사람이라고 생각하고, 운동을 하는 것이 목표라면 스스로를 운동을 규칙적으로 하는 사람이라고 생각해야 한다.

5. 가장 중요한 일을 뒤로 미루는 행위

사람들은 종종 쉬운 업무를 처리하는 걸로 하루를 시작하곤 한다. 정작 어려운 업무는 뒤로 미루고 말이다. 사실 이 방법은 별로 좋은 아이디어가 아닐 뿐더러 중요한 업무가 빈번하게 마무리되지 못한 채 남겨지게 된다. 한 연구 결과를 보면 사람들은 한정된 의지력을 가지고 있으며, 이 의지력은 하루가 흘러감에 따라 감소된다고 한다. 따라서 어렵고 중요한 업무일수록, 하루 일과의 시작과 함께 빨리 끝내는 것이 좋다.

6. 너무 많은 미팅을 하는 것

쓸모없는 미팅만큼 업무의 흐름을 방해하는 건 없다. 따라서 직접 이야기해야만 하는 내용이나 중요한 논의 사항을 제외하곤 가급적 이메일, 메신저, 비디오 챗과 같은 툴을 최대한 이용하는 게 현명하다. BlueGrace Logistics의 창시자 바비 해리스는 사람들에게 '미팅에 초대한 사람이 확실한 의제를 제시하지 하거나 회의가 정확히 몇 시간 동안 진행될 것인지'에 대해 확실하게 명시하지 않으면 미팅을 수락하지 말 것을 제안한다. 뿐만 아니라 해리스는 처음 요구받은 미팅 시간의 절반만 허락하라고 제안한다.

7. 하루 종일 앉아있는 것

비즈니스 컨설턴트이자 "The New How: Creating Business Solutions Through Collaborative Strategy Paperback"의 저자인 닐로퍼 머찬트는 테드(TED)에서 자신이 수많은 기업에 성공적으로 도입시킨 "걷는 미팅"에 대해 이야기한 바 있다.

그녀는 일주일에 20~30마일(약 30~50km) 정도를 걸으며 진행하는 미팅을 위해 커피 마시는 시간이나 형광등이 켜진 미팅 룸을 포기할 것을 권한다. 또한 그녀는 "당신은 신선한 공기가 새로운 아이디어를 불러온다는 점에 대해 놀랄 거에요. 이런 방법을 통해 이전과 전혀 다른 아이디어에 맞닥뜨릴 수 있을 거에요."라고 말한다.

8. 타이머 버튼 누르기

일어난 시간 즈음 타이머 버튼을 미리 눌러 약간 더 잘 수 있는 여유를 벌었다고 생각하면 큰 오산이다. 9분 정도 더 잔다고 해서 당신이 필요로 하는 수면 시간을 채울 수 없을 뿐더러, 첫 알람이 울려 깨어났을 때 우리 몸은 이미 하루의 시작을 알리는 호르몬을 분비하기 때문이다. 따라서 타이머를 미리 누르고 잠을 청하는 행위는 체내에서 일어나는 호르몬 분비 과정을 느리게 만들 뿐 큰 도움이 되지 않는다.

9. 잘못된 우선순위

일부 사람들은 성공을 위해 많은 목표를 가지고 있어야 한다고 착각하곤 한다. 여러 목표 중 하나를 실패해도 다른 목표가 있기 때문에 괜찮다고 생각하는 듯하다. 안타깝지만, 이런 아니면 말고 식의 태도는 업무 생산성에 전혀 도움되지 않는다. 워렌 버핏은 이에 대한 완벽한 해결책을 가지고 있다. 버핏은 인생 목표를 설정하지 않은 자신의 개인 비행기 조종사에게 죽기 전 꼭 달성해야 할 25가지 리스트를 적어오도록 했다. 그리고 조종사로 하여금 25가지 중 5개만 고르도록 한 후, 나머지 20개는 깨끗이 무시하라고 조언했다.

10. 폭풍 계획 세우기

야망도 많고 계획적인 사람들 중 다수가 하루를 시간 단위로 쪼개 계획을 세워 자신의 생산성을 극대화시킨다고 한다. 불행하게도 계획은 아이가 아프든지 혹은 예상치도 못한 업무가 생긴 다든지 하는 식으로 늘 변수가 생기기 마련이다. 촘촘하게 계획을 세우는 대신 정말로 일에 집중해야 하는 4~5시간을 계획함으로써 일에 대한 유연성을 유지할 수 있을 것이다.

11. 무계획

장기 목표를 달성하기 위해선 꼼꼼하게 계획을 세울 필요가 있다. 프로젝트 중반에 결과물을 상상하는 건 많은 시간을 허비할 뿐만 아니라 많은 에너지를 소요하게 만든다. 하버드의 로버트 포젠은 프로젝트를 시작하기에 앞서 최종 목표를 설정하고, 그에 필요한 중간 단계를 설정하는 걸 추천한다. 그리고 프로젝트가 중반쯤 되었을 때, 스스로 설정해 놓은 단계들을 잘 따르고 있는지 확인하고 조정해야 한다고 말한다.

12. 침대 옆 휴대폰

우리가 사용하는 스마트폰, 태블릿, 노트북의 LED는 모두 블루 라이트다. 이 블루 라이트는 우리의 시력을 저하하고, 숙면에 도움을 주는 멜라토닌 생성을 방해한다. 또한 멜라토닌을 적게 가진 사람은 쉽게 우울해지기 쉽다고 한다.

13. 완벽주의

영국의 철학가이자 작가인 알랭 드 보통은 그의 웹사이트인 The Book of Life에서 "우리가 꾸물거리는 이유는 우리 자신이 게으른 것보다는 완벽하지 않다는 점에 대한 두려움 때문이다."라고 밝혔다. 그는 "아무것도 하지 않음으로써 갖게 되는 두려움은 무엇을 했을 때 잘하지 못한다는 두려움을 이길 때야 비로소 일을 시작하게 된다. 그리고 이 과정은 시간을 낭비하게 만든다."라고 적었다. 꾸물거리는 걸 극복하는 유일한 방법은 완벽주의를 버리고, 너무 작은 디테일에 호들갑 떨지 말아야 한다. 업무가 별로 중요치 않은 척하라. 그리고 빨리 시작하기 위해 일을 조금 그르치는 걸 괜찮게 여겨라.

[출처] 잔디 블로그, 〈효율적인 직장인이 되기 위해 버려야 할 13가지 나쁜 습관〉, 2016.1.13. 발췌

학습평가 Quiz

1. 다음 중 괄호 안에 공통적으로 들어갈 말은?

> (　　　　)란 업무 및 물품 등을 넘겨받고 물려주는 것을 의미한다. (　　　　)를 받다 보면 문서화된 서류, USB에 전달받은 파일 등 다양한 형태로 전달받게 된다. 인수인계를 받으면서 잊어버리지 않도록 메모하고, 질문하는 과정이 중요하다. 이런 과정을 통해 드디어 업무가 시작되는 것이다.

① 인수인계　　② 업무절차
③ 우선순위　　④ 업무수행

2. 다음은 대표적인 4개의 직군 중 어떠한 직군에 대한 설명인가?

> 이것은 영업과 생산을 지원하는 업무를 수행하는 직무군이다. 이 직군은 크게 인사, 재경, 총무, 법무 등의 직무로 구성되어 있으며, 영업과 생산을 원활하게 하여 회사 전략 달성을 위한 초석을 마련하는 업무를 수행하고 있다.

① 영업직군　　② R&D직군
③ 생산직군　　④ 경영지원직군

3. 업무 수행을 잘하기 위한 실행전략이 아닌 것은?

① 오늘 할 일을 메모하자.
② 주간, 월간 계획표를 작성하자.
③ 주변을 정리정돈하자.
④ 문제가 발생하면 스스로 해결한 후 보고하자.

4. 업무를 수행할 때는 두 가지를 축으로 눈앞의 일을 분류해야 한다. 우선 일을 우선순위에 따라 분류한다. 우선순위에 따라 일을 분류하면 곧바로 처리해야 하는 일이 무엇인지 명확해지고 필요 이상으로 조급했던 마음이 안정된다. 다음으로 완성까지 필요한 시간이 얼마나 되느냐에 따라 정리한다. 시작하자마자 바로 끝낼 수 있는 일과 그렇지 않은 일을 구별한다. 금세 끝낼 수 있는 일이 의외로 많다고 확인되면 차분하게 일을 처리할 수 있다. 이 두 가지 축은 무엇인가?

①

②

5. 업무를 수행할 때 우선순위를 정하는 것이 왜 중요한지 여러분의 생각을 작성해보자.

학습내용 요약 Review (오늘의 Key Point)

1. 조직에서 업무는 상품이나 서비스를 창출하기 위한 생산적인 활동이다. 조직의 목적을 달성하기 위해 중요한 근거가 된다.

2. 인수인계란 업무 및 물품 등을 넘겨받고 물려주는 것을 의미한다. 인수인계를 받다 보면 문서화된 서류, USB에 전달받은 파일 등 다양한 형태로 전달받게 된다. 인수인계를 받으면서 잊어버리지 않도록 메모하고, 질문하는 과정이 중요하다.

3. 어느 정도 비슷한 업무 내용을 가진 직위들을 하나의 관리 단위로 설정한 것이 '직무'이고, 이러한 직무의 성질이 유사한 직렬(職列)을 한데 묶은 것을 '직군'이라 한다.

4. 조직의 대표적인 4개의 직군은 경영지원직군, 영업직군, 생산직군, 연구개발직군(R&D직군)이다.

5. 업무 수행을 잘하기 위한 실행전략 다섯 가지는 아래와 같다.

   ① 오늘 할 일을 메모하자.
   ② '왜'라는 의문을 갖자.
   ③ 주간, 월간 계획표를 작성하자.
   ④ 잘못된 일이 있으면 빨리 보고하자.
   ⑤ 주변을 정리정돈하자.

6. 업무의 우선순위를 정할 때는 '우선순위'와 '완성까지 필요한 시간'이라는 두 가지를 축으로 눈앞의 일을 분류해야 한다.

7. 일의 효율을 높이는 방법은 새로운 일을 지시받은 즉시 5분 동안 생각을 하면 작업 효율이 획기적으로 높아진다.

스스로 적어보는 오늘 교육의 메모

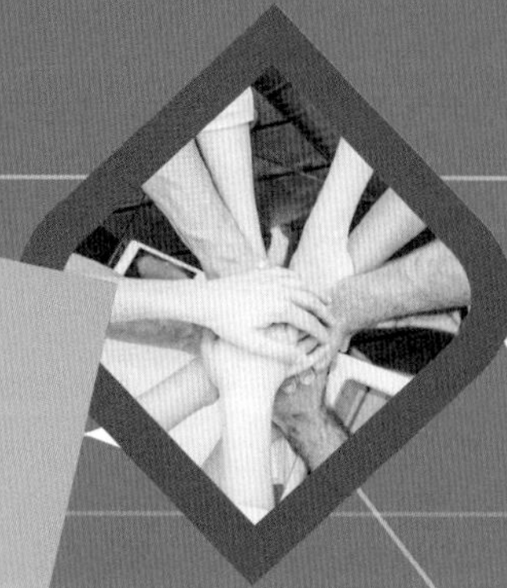

시간관리

Contents

1. 시간관리의 개념과 중요성
2. 성공하는 직장인의 시간관리 기술

Learning Objectives

1. 시간관리의 개념과 중요성에 대해 설명할 수 있다.
2. 성공하는 직장인의 시간관리 기술에 대해 설명할 수 있다.

8
Chapter

이야기 속으로 ...

직장인 선배 여러분, 시간관리 어떻게 해야 할까요

월요일 아침은 늘 정신이 없다. 평소보다 차도 많고, 주말의 피로가 가시기도 전에 출근길에 올라야 하기 때문이다. K사원은 신입사원으로 입사했을 당시 한껏 벅차올랐던 기대는 이미 사라진지 오래다. 출퇴근 시간이 정해져 있다지만 정시에 맞춰 출근하고 칼퇴근하는 사람은 거의 찾아보기 힘들다. 어느새 야근은 일상화되고 내 의지와 상관없이 일주일에도 몇 번씩 회식하기도 한다. 이렇듯 익숙하지 않은 다양한 업무들, 언제 어디서 생길지 모르는 회식 약속들과 함께 매일매일 고군분투하다 보면 처음 입사했을 당시 품었던 원대한 포부와 비전은 물거품처럼 사라져 버리곤 한다. 이렇게 하루하루를 쳇바퀴 돌듯 반복하다 보면 '진짜 1년이 한 달 같고, 한 달이 일주일 같고, 하루가 1시간 같네. 정말 시간이 없네.'라는 말만 되풀이 하게 된다.

K사원도 별반 다르지 않다. 엊그제 입사한 것 같은데, 벌써 3년차가 되었고, 조만간 대리 승진 대상자가 된다. 이렇듯 외부적인 영향 때문에 회사 내에서 휘둘릴 수밖에 없는 직장 초년생들에게 시간관리란 먼 나라 이야기처럼 들린다. 나의 개인적인 삶의 여유와 만족은 언제쯤 누려볼 수 있을까. 매번 쫓기는 듯한 일터는 언제쯤 내가 주도하며 일을 할 수 있을까. K사원은 직장인의 시간관리에 대해 늘 고민이다.

위의 사례는 많은 직장 초년생들이 처음 직장생활을 하다 보면 가장 빈번하게 겪게 되는 이슈다. 익숙치 않은 업무에 하루 종일 일을 하다 보면 피곤이 쌓일 수밖에 없다. 그러다 주말이 오면 주말만큼은 아무 생각 없이 잠만 자며 쉬고 싶어질 것이다. 시간관리를 잘 하는 사람은 일과 삶의 생산성뿐만 아니라 만족감과 보람도 얻게 된다. 본 챕터에서는 시간관리의 개념과 중요성 그리고 성공하는 직장인의 시간관리 비법에 대해 학습해 보고자 한다.

사전진단. Self Check

1. 다음은 무엇에 대한 설명인가?

> 웹스터(Webster) 사전에 의하면 OO이란 '과거로부터 현재를 거쳐 미래로 이어져 가는 사건들의 연속체'라고 해석하고 있다. 우리가 일상생활을 하면서 크고 작은 사건들이 모여 결국 OO이 되는 것이다.

① 시간 ② 과업
③ 비전 ④ 인생

2. 다음은 무엇에 대한 설명인가?

> 스티븐 코비 박사는 우리가 사용하고 있는 모든 시간을 ( )을/를 통해서 설명하고 있다. 코비 박사는 많은 사람들이 긴급성에 중독됐다고 말했다. 미리 준비하거나 예방하지 못해서 나타나는 긴급하고, 급작스러운 일들에 치여 살다 보면 결국은 중요하고, 소중한 일은 끼여들 틈이 없게 된다.

① 시간관리 도구 ② 역L자형 스케줄
③ 시간관리 매트릭스 ④ 독서

3. 다음 중 우리의 소중한 시간을 갉아 먹는 것은 무엇인가?

① 운동 ② 어학공부
③ 독서 ④ 과도한 게임

1. 시간관리의 개념과 중요성

(1) 시간관리의 개념

고대에는 막대기 그림자와 해시계로 시간을 쟀다. 어떤 도구를 사용하든 시간은 그저 흘러갈 뿐이다. 하지만 "시간관리를 잘 하는 사람이 조직에서 성공한다, 시간관리 역량을 키워야 한다." 등 시간을 관리한다는 이야기를 많이 듣고 있다. 여기서 말하는 시간을 관리한다는 것은 실제로 시간을 관리하는 것이 아니라 일상생활의 '사건들'을 관리하는 것이다. 웹스터(Webster) 사전에 의하면 시간이란 '과거로부터 현재를 거쳐 미래로 이어져 가는 사건들의 연속체'라고 해석하고 있다. 우리가 일상생활을 하면서 크고 작은 사건들이 모여 결국 시간이 되는 것이다.

"시간이 충분하다고 생각하십니까?"라는 질문에 대해 아마 대부분의 사람들은 "아니오"라고 답할 것이다. 누구에게나 동일한 시간이 주어지지만, 크고 작은 사건들을 누가 더 잘 관리하느냐에 따라 시간관리가 잘 될 수도 그렇지 않을 수도 있다. 자신이 가지고 있는 시간을 제대로 사용함으로써, 많은 문제를 해결하거나 스트레스를 줄일 수 있을 뿐만 아니라, 새로운 생활방식을 만들어 나갈 수 있다. 단, 이것을 달성하기 위해서는 자신의 시간을 효율적으로 배분하고, 의사결정하는 것이 필요하다.

(2) 시간관리의 중요성

많은 직장인들은 "왜 이렇게 일상이 바쁜지 모르겠어."라는 말을 자주 하곤 한다. 이처럼 많은 사람들이 스트레스를 갖고 있고, 무언가에 쫓기듯 살아가고 있다. 언제까지 끌려다니는 삶이 아닌 스스로 개척하는 삶을 살기 위해서 나만의 시간관리 방법을 체득하는 것은 매우 중요하다. 시간관리를 잘 하면 어떤 이로운 점이 있을까. 시간을 잘 관리하면 다음과 같은 혜택을 얻게 된다.

- 중요한 일을 먼저 처리했기 때문에 성취감을 많이 얻는다.
- 스트레스를 적게 받는다.
- 더욱 원만한 관계를 형성한다.
- 자신과 자기 인생에 대한 만족감이 커진다.
- 하고 싶은 일을 할 시간이 많아진다.

그렇다면, 이러한 위와 같은 혜택을 얻기 위해 우리는 어떻게 시간관리를 해야 할까? 시간관리를 잘 하는 사람들에게는 나름대로의 뚜렷한 특징이 있다.

① 시간관리를 잘 하는 사람은 단호하게 행동한다.

시간관리를 잘 하는 사람은 무엇을 할 것인지 결정하고 그것을 한다. 반면에 시간관리를 못하는 사람은 전혀 그렇지 않다. 이들은 상황에 즉각 반응하거나, 충동적으로 행동한다. 그리곤 후회한다. 대부분의 사람들은 계획을 잘 세우지 않는다. 그렇다보니 시간을 유용하게 활용하는 법도 모른다. 계획을 세우지 않는 사람은 주로 이런 변명을 늘어놓는다.

- 계획을 세울 시간이 없다.
- 계획을 세우지 않아도 무엇을 해야 할지 이미 알고 있다.
- 계획을 세워봤자 아무 소용없다.
- 계획 세우는 법을 모른다.

시간관리 전문가들은 하나같이 시간관리의 핵심은 '계획'이라고 말한다. 어디서 출발해서 어디로 가고 싶은지 정했다면 출발지에서 도착지까지 가는 길을 제시하는 지도가 있어야 한다. 그래야만 중간지점에머물거나 선로를 이탈하지 않는다.

② 시간관리를 잘 하는 사람은 스트레스를 덜 받는다.

시간관리를 잘 하는 사람은 단호하기 때문에 우리의 삶에서 가장 많은 스트레스를 야기하는 요인, 즉 미루는 습관의 제물이 되지 않는다. 어떤 문제를 피한다고 해서 그와 관련된 스트레스가 사라지는 것은 아니다. 그것은 오히려 늘어날 뿐이다.

③ 시간관리를 잘 하는 사람은 일과 삶의 균형을 맞춘다.

시간을 효율적으로 관리하는 사람은 사적인 생활과 여가시간을 균형감 있게 잘 관리한다. 그것이 결국 일의 생산성과 만족스러운 삶의 결과로 이어지게 된다. 요즘 많은 사람들이 극단의 시대를 살고 있다. 일 중독, 알코올 중독, 게임 중독, 대인관계 중독 등 내 삶을 균형감 있게 저글링하기보다 내가 좋아하는 한두 가지에 중독되는 삶, 즉 극단의 삶을 걷고 있다. 이처럼 시간이 흐르는 대로 내 삶을 내버려 둔다면 극단의 삶에서 빠져나오기란 쉽지 않을 것이다. 일, 삶, 재미, 관계 등 다양한 영역에서의 균형점을 찾고, 이를 실행한다면 삶의 만족도는 한층 높아질 것이다.

④ 시간관리를 잘 하는 사람은 인생의 큰 그림을 먼저 본다.

시간관리를 잘 하는 사람은 내 인생의 비전이 무엇인지, 나는 어떤 사람이 되고 싶은지를 먼저 그려 놓는다. 시간관리를 못 하는 사람은 앞으로 무엇을 하려는지 계획이 없고, 따라서 목표의식조차 없다. 이들은 인생의 큰 그림이 없기 때문에 내 인생과 관련된 중요한 문제는 정작 손도 대지 못하고, 사소한 일들에만 얽매이며 살아간다. 내 인생의 비전을 바라보면서 지금 내가 하는 일이 그 비전을 달성하기 위한 초석이라 생각한다면, 더 몰입하게 되기 때문에 시간관리는 무엇보다 중요하다.

Level up Mission Step 1

우리가 시간관리를 잘 하기 위해서 관리해야 할, 컨트롤해야 할 삶의 다양한 영역들이 존재 한다. 이러한 영역들 중에서 내가 가장 관리가 안 되고 있는 영역은 무엇인지 작성해보자. (ex. 영역 : 공부, 건강, 학점관리, 연애, 재정, 가족관계, 친구관계, 취업준비, 독서, 어학공부 등)

내가 만약 하루에 3시간이 더 주어진다면, 어떤 영역에 더욱 관심을 갖고, 그리고 어떻게 관리해 나갈 것인 작성해보자.

사례

2만 5천달러짜리 시간관리의 기술

오랫동안 적자에 시달리던 베들레헴 철강회사의 사장 찰스 스워프.
그는 회사를 살리기 위해 경영 컨설턴트인 아이비 리에게 조언을 구하게 됩니다.

아이비 리는 그에게 방법을 알려주었고
정확한 금액을 정하지 않은 채, 이 방법을 사용해본 후
당신이 주고 싶은 만큼 수표를 보내라고 이야기합니다.

그리고 몇 주 후.
아이비 리는 2만 5천달러라는 큰 돈을 받게 됩니다.

그럼 2만 5천달러짜리 시간관리의 기술은 무엇일까요?
쉽게 말하면 '해야 할 일 리스트'를 작성하는 것인데요
구체적인 방법은 이렇습니다.

1. 종이에 '내일 할 일 6가지'를 메모한다.
2. 6가지의 항목에 중요한 순서대로 번호를 매긴다.
3. 다음 날 이 메모의 순서대로 중요한 것부터 일을 하기 시작한다.
4. 지금 하고 있는 일을 끝내지 못하면 다른 일로 넘어가지 않는다.
5. 그날 못한 일은 후회하지 말고 단호하게 잊는다.
6. 1~5를 매일 반복한다.

가장 중요한 것은 지금 하고 있는 일을 끝내기 전에는
다음 순위의 일을 하지 않는 것입니다.

[출처] 그림나무, 〈2만 5천달러짜리 시간관리의 기술〉, 2017.9.13. 발췌

2. 성공하는 직장인의 시간관리 기술

(1) 시간관리 기술

① 시간관리를 위한 목표를 설정하자.

시간을 잘 관리하기 위해서는 관리하기 위한 목표가 있어야 한다. 즉, 전략적인 장기목표, 비전을 계획해야 한다. 비전은 10년 혹은 20년 후 먼 미래에 언제, 어디서, 누구와 어떤 꿈을 펼치고 있을지에 대한 자신의 모습을 그려보는 것이다. 따라서 아래 질문에 스스로 답을 적어보자.

1. 나의 강점, 보유하고 있는 기술은 무엇인가?
2. 나는 어떤 분야에서 나의 강점, 기술을 펼치고 싶은가?
3. 내가 가장 중요하게 생각하는 가치는 무엇인가?
4. 10년, 20년 후에 나는 어디서, 누구와 어떤 일을 하고 있을 것인가?

이제 장단기 목표가 있어야 한다.

- 장기목표 : 10년 후 비전을 달성하기 위한 3~5년 후의 나의 모습, 목표
- 중기목표 : 1~3년 후의 이루고자 하는 나의 모습, 목표
- 올해의 목표 : 중장기 목표를 달성하기 위한 올해 목표

② 시간관리 매트릭스를 이해하자.

시간은 한정되어 있고, 해야 할 일은 산더미다. 신경 써야 하는 일이 새로 생기거나, 급박한 업무가 주어지면 지금 하고 있을 제쳐서라도 그 일을 해야 한다. 그런데 긴급한 일이 빈번하게 발생되면 어떻게 해야 할까. 시간은 없고, 매일 일에 쫓기는 듯한 삶을 살게 되면 결국 금세 탈진하게 될 것이다. 여러분이 생각하기에 인생에서 소중하고, 중요한 일은 무엇일까. 곰곰이 생각해 보면 급하게 처리해야 하는 일은 거의 없다. 예를 들어, 가족과

시간 보내기, 건강검진 받기, 일기 쓰기, 독서하기, 미래 계획 세우기 등이 그렇다. 스티븐 코비 박사는 〈성공하는 사람들의 7가지 습관〉에서 이 점을 자세히 언급했다.

[그림 8-1] 스티븐 코비의 시간관리 매트릭스

	긴급함	긴급하지 않음
중요함	**필수**(Necessity) • 마감이 임박한 일(보고서, 프로젝트 등) • 긴급한 고객 클레임 처리 • 빠른 답변을 원하는 요청 • 고속도로에서 차 고장 • 응급질환	**균형/생산성**(Balance & Productivity) • 계획 세우기 • 핵심고객 관리 • 건강검진, 운동, 독서 • 인간 관계 • 자동차 정비
중요하지 않음	**속임수**(Deception) • 불필요한 문자, 전화(spam) • 다른 사람들의 방해 • 쓸데없는 참견 • 주변 사람들의 눈치	**낭비**(Waste & Excess) • 지나친 TV 시청 • 지나친 SNS 활동 • 지나친 음주와 숙취 • 끝없는 전화 수다

스티븐 코비 박사는 우리가 사용하고 있는 모든 시간을 시간관리 매트릭스를 통해서 설명하고 있다. 코비 박사는 많은 사람들이 긴급성에 중독됐다고 말했다. 미리 준비하거나 예방하지 못해서 나타나는 긴급하고, 급작스러운 일들에 치여 살다보면 결국은 중요하고, 소중한 일은 끼여들 틈이 없게 된다. 물론 미리 대처할 수 없는 일들도 많다. 하지만 찬찬히 돌이켜 보면 이중에 대부분은 사전에 예방할 수 있었던 일들도 많다.

비유를 들어보자. 어느 시골 마을에 한 나무꾼이 열심히 장작을 패고 있었다. 지나가던 선비가 보니 노끼날이 무디어 장작이 잘 쪼개지지 않는 것 같으니, "도끼날을 갈고 장작을 패시오." 하였다. 나무꾼은 "내가 지금 장작을 패느라 너무 바빠서 도끼날을 갈 시간이 없소이다." 라고 말했다. 흔히 너무 바빠서 책을 읽을 시간이 없다고 하는 사람이 이 어리석은 나무꾼의 우를 범하는 것과 같다. 시간관리를 잘 하는 방법은 시간관리 매트릭스 상단 우편에 있는 부분, 즉 긴급하지 않지만 중요한 일에 집중해야 한다.

긴급하지 않지만, 중요한 일에 집중했을때 내 삶의 생산성과 균형점을 찾게 된다. 미래에 대한 고민과 계획, 건강관리, 정신적/영적인 관리, 그동안 소홀했던 대인관계, 정기적인 자동차 검진 등 나와 내 주변의 소중한 부분에 관심을 갖게 되면 삶의 만족감도 올라가게 된다. 더불어 미리 계획한 일들 덕분에 긴급하고, 중요한 일은 점차 줄어들게 된다.

③ 시간낭비 요인과 멀리하자.

효율적인 시간관리를 통해 원하는 결과를 이루어냈을 때 성취감과 뿌듯함이 밀려온다. 하지만 때로는 몇 가지 방해요인 때문에 시간을 낭비하기도 한다. 우리가 무심코 사용하는 시간들이 생산성을 갉아먹는 좀벌레가 되기도 한다. 우리의 시간을 잡아먹는 시간도둑은 무엇인지 알아보도록 하자. 오피스타임닷넷(OfficeTime.net)은 우리가 낭비하는 시간에 대한 인식을 제고할 수 있도록 '10가지 타임킬러'(Time Killer)에 대해 설문조사를 실시했고, 그 결과는 아래와 같다.

업무 생산성을 갉아먹는 '시간도둑들' 베스트 10

- 1위. 이메일
- 2위. 인터넷 서핑
- 3위. TV 시청
- 4위. 늑장부리기
- 5위. 회의
- 6위. 업무와 관련없는 잡담
- 7위. 출퇴근 시간
- 8위. 소셜 네트워킹
- 9위. 휴대폰
- 10위. 불필요한 형식주의

[출처] Keith Shaw | Network World | http://www.itworld.co.kr/slideshow/80308

④ 역L자형 스케줄을 만들어보자.

시간관리를 하려면 다이어리나 혹은 그 밖의 시간관리 도구를 활용해야 한다. 특히 L자형 스케줄표는 눈에 가시적인 일정을 확인할 수 있기 때문에 스스로 그 약속을 지키기 위해 노력하게 된다. 따라서 역L자형 스케줄표는 업무시간 외에 개인시간을 활용하는 데 도움이 된다. 한 주를 시작할 때 금주에 저녁과 주말에 어떤 일정을 미리 계획할지 기록한다면, 개인 생산성이 한층 높아질 것이다.

[그림 8-2] 역L자형 스케줄표

시간		월	화	수	목	금	토	일
AM	5~6							
	6~7							
	7~8							
	8~9							
	9~10							
	10~11							
	11~12							
PM	12~13							
	13~14							
	14~15							
	15~16							
	16~17							
	17~18							
	18~19							
	19~20							
	20~21							
	21~22							
	22~23							
	23~24							

(2) 시간관리 도구 활용법

시간관리 전문가들은 개인용 일정관리 도구를 사용하라고 권고한다. 개인용 일정관리 도구는 시간관리를 실행하기 위한 결정체 역할을 한다. 어떤 사람은 어플리케이션과 같은 IT를 활용하기도 하고, 또 어떤 이는 아날로그식 수첩을 사용하기도 한다. 하지만 중요한 것은 지속성과 생산성을 가져오느냐가 시간관리의 핵심이다. 따라서 무엇을 사용하느냐보다 어떻게 사용하느냐가 더 중요하다.

좋은 시간관리 도구의 조건은 아래와 같다.

① 목표를 세우고 계획할 수 있어야 한다.

여기서 말하는 목표는 비전, 장기/중기/단기 목표, 올해 목표, 월별 목표, 주간 목표 등이다. 인생의 큰 그림부터 현재 나의 일상까지 모두 기록할 수 있어야 한다. 그래야 지금 하고 있는 일이 먼 미래의 비전을 달성할 수 있는지 알 수 있고, 신념을 가지고 실천할 수 있기 때문이다.

② 우선순위를 부여할 수 있어야 한다.

오늘 하루 일과에 대해 'To do list'처럼 할 일을 잔뜩 적어놓는 것이 중요한 게 아니라, 그중에서 가장 중요한 것과 덜 중요한 것을 기록해야 한다. 먼저 작성할 때는 생각나는 데로 하루 일정에 대해 작성을 하고, 그중에서 오늘 반드시 해야 할 일은 A라고 표기하고, A보다 덜 중요한 일에는 B를, 그리고 오늘이 아니더라도 나중에 해도 되는 일은 C라고 표기를 한다. 그럼 아무리 바빠도 A 위주로 업무를 처리하면 중요한 일부터 처리하게 되는 시간관리 습관을 가지게 된다.

③ 주간 단위의 일정을 알 수 있어야 한다.

우리의 머리 속에는 "이번주 목요일에 김과장과 저녁식사 있고, 금요일 오전에 중요한 미팅이, 주말에는 결혼식…" 이런 식으로 한 주간의 일정이 자연스럽게 자리 잡는다. 시간관리 도구도 마찬가지다. 금주에 주요 핵심업무 3가지, 나의 개인적인 핵심과제 3가지를 먼저 작성해 본다면 일과 삶의 만족과 생산성을 높일 수 있다. 단순히 약속을 기억하는 시간관리 도구가 아닌, 정말 소중하고 중요한 일을 놓치지 않기 위한 주간 계획을 기록해야 한다.

Level up Mission Step 2

여러분의 일과 삶의 생산성을 갉아먹는 '시간도둑'은 무엇인지 작성해보자.

이러한 시간도둑을 방치한 근본적인 원인은 무엇이라고 생각하는가?

앞으로 당신의 시간도둑들을 어떻게 관리하고, 개선해 나갈 것인가?

역L자형 스케줄표를 사용한다고 가정했을때, 주중 저녁과 주말에 새롭게 시도해 볼 만한 활동이 있다면 무엇인지 작성해보자. 여러분에게 진정으로 만족감과 성취감을 줄 수 있는, 그리고 그것이 결국 삶의 만족감을 높여줄 수 있는 활동이어야 한다.

사례

일에서 시간도둑 퇴치하는 7가지 방법

심리학 박사 사이토 이사무가 들려주는 [일에서 시간도둑 퇴치하는 7가지 방법]입니다. 별것 아닌 것처럼 느껴지는 생활 속 습관이라도 꾸준히 실천해서 게으름을 떨쳐내는 데 도움이 되는 노하우를 알 수 있을 것입니다.

1. 세 가지 금기어를 만든다.

게으른 사람들은 '하지만', '그런데', '어차피'라는 단어로 말을 시작하는 경우가 많다. 이 세 가지 단어로 말을 시작하는 이유는 보통 자신감이 없거나 스스로를 저평가하기 때문이다. 실패할 바에는 차라리 행동하지 않고 현상유지를 하는 편이 낫다고 판단한 것이다. 이런 약한 마음은 일을 할 수 없는 이유를 찾는 소극적인 행동을 유발한다.

또한 문제가 발생했을 때를 대비해 부정적인 암시를 해두는 것일 수도 있다. 사태가 나빠질 수도 있음을 미리 예측하고 주위에 그렇게 알려두면 설령 나쁜 일이 생기더라도 도망갈 길이 생기기 때문이다. 얼핏 신중하게 보일 수도 있지만 사실은 안일한 해결방법이다.

불안이나 자신감 상실 등과 같은 잠재의식을 이겨내기 위해서는 무엇보다도 '밝은 마음으로 빠르게 전환하는 태도'가 중요하다. 괜한 부정적인 말을 내뱉으며 웅크리고 있기보다는 의식을 바꾸고 앞으로 부지런히 나아가는 편이 시간낭비를 막는 길이다.

2. 한 정거장 정도는 걷는다.

바쁘면 바쁠수록 몸을 최고의 상태로 유지하기 위한 노력을 아껴서는 안 된다. 그렇지 않아도 바쁜데 운동 때문에 시간을 빼앗긴다는 생각이 들 수도 있지만, 꾸준히 운동을 하다 보면 기대 이상의 보답이 돌아온다. 자신의 몸을 소중히 하고 제대로 관리하겠다는 의식은 스스로에 대한 신뢰감을 높여주며, 그로 인해 일도 적극적으로 하게 되고 자존감도 저절로 높아진다.

무슨 일이든 꾸준히 하는 데 서투른 사람들은 되도록 부담 없는 운동 방법을 선택해 보자. 이를테면 출퇴근길에 한 정거장 일찍 내려 산책하는 마음으로 걷는 데서부터 시작해 보는 것도 좋은 방법이다. 이렇게 간단한 방법이라도 실행에 옮기는 것과 그러지 않은 것의 차이는 크다. 운동을 위한 시간을 아까워한다면 오히려 언젠가는 시간도둑에게 한꺼번에 시간을 빼앗기는 더 나쁜 상황이 생길 것이다.

3. 할 수 없는 일은 거절한다.

부탁을 받았을 때 거절하는 것은 매우 힘든 일이다. 기대에 부응하지 못한 자신에 대한 실망감, 상대의 낙담한 얼굴, 거절한 뒤의 겸연쩍음 등을 생각하면 무조건 부탁을 받아들이고 싶어진다. 게다가 일을 의뢰받는 상황이라면 더욱 그렇다. 괜히 거절했다가는 능력이 없다는 인상을 줄지 모른다는 불안감까지 더해져서 일언지하에 거절하기 어려운 것이다.

하지만 시간적, 질적 균형을 고려했을 때 확실히 자신의 수용능력을 벗어난 일은 오히려 거절하는 것이 올바른 판단이다. 타당한 이유를 설명하고 거절한다면 상대도 충분히 이해할 터이기 때문에 관계가 악화되거나 하지는 않을 것이다. 부탁을 거절하거나 물러서는 행위는 결코 무례하거나 제멋대로인 행동이 아니다. 상대에게 자신이 항상 언행일치에 유의하며 책임 있게 행동하려는 사람임을 명확하게 인식시키자. 지각이 있는 사람이라면 오히려 거절할 줄 아는 사람을 신뢰할 것이다.

4. 소망을 소리내어 말한다.

성공철학의 제창자로 유명한 나폴레온 힐은 소망을 말하는 행위의 중요성을 설명했다. 실현하고 싶은 욕망은 염원만 할 것이 아니라 글로 써보자. 게다가 소리내어 읽으면 그것이 다시 귀를 통해 자신의 내부로 스며든다. 이러한 과정은 자기 내면에서 긍정적인 이미지를 만들어내는 데 도움이 된다. 소리를 내는 행동은 눈과 입, 그리고 귀 세 가지 감각기관을 동시에 사용하는 행위다. 또한 근력을 사용하는 행동이기 때문에 에너지를 활용하게 되어 인간을 적극적으로 만든다.

단, 평소 아무 생각 없이 말할 때도 소극적인 표현들은 피하는 것이 좋다. 혼잣말일지라도 그것은 부정적인 이미지가 되어 잠재의식 속을 파고든다. 머리와 입속에서 맴도는 말의 모순, 심리학적으로 말하자면 부조화는 해소될 수 있다. 하지만 일단 말을 내뱉으면 그것이 이내 행동으로 나타난다. 인간은 부조화를 해소하기 위해 자신이 한 말과 행동을 일치시키기 때문이다. 말에는 생각을 바꾸는 힘이 있다는 사실을 명심하자.

5. 메일은 확인한 순서대로 즉시 답장을 보낸다.

메일은 전화처럼 상대의 상황이나 시간에 얽매이지 않고 아무 때나 보내고 받을 수 있다는 장점 때문에 바쁜 직장인들에게는 고마운 존재다. 반면에 다른 한편으로는 수많은 메일에 답장을 보내느라 오전시간이 훌쩍 지나가버린다는 불만의 목소리도 있다. 하지만 바쁘고 귀찮더라도 메일을 받았으면 되도록 빨리 답장하는 것이 매너다. 실제로 메일을 보낸 뒤 답장이 곧바로 오면 상대가 유능하다는 인상을 받게 된다. 성의나 의욕도 답장 속도로 평가받는 경우가 많다.

게으른 사람들은 메일에 일일이 〈답장을 보내기 귀찮다 → 답장을 미룬다 → 메일이 더 많이 쌓인다〉는 악순환을 되풀이한다. 이런 상황을 막으려면 일정한 시간에 메일을 체크한 후 그 자리에서 답장을 보내는 습관을 들이는 것이 좋다. 답장을 쓰는 데 시간이 걸리는 안건들은 일단 메일을 받았으며, 곧 자세한 답변을 담은 메일을 보내겠다고 보내면 된다. 그러면 상대는 메일을 확인했는지 궁금해하며 초조해하지 않고 여유 있게 답장을 기다릴 수 있다. 언제까지 답장을 보내겠다고 명시해 주면 더욱 좋다.

6. 다른 사람에게 부탁하는 일을 꺼리지 않는다.

누군가 도움의 손길을 내밀어도 항상 괜찮다며 거절하는 사람들이 있다. 물론 독립심이 강한 태도는 바람직하지만 거기에도 정도가 있다. 그로 인해 일이 지연되거나 해서는 안 되기 때문이다. 도움을 받는 행위는 견고한 인간관계를 구축하는 데 매우 중요한 기능을 한다. 도움을 준 사람은 그 일을 통해 자신감이 생기고, 또 타인에게 신뢰받고 있다는 만족감도 강해진다.

한 심리학 실험에 따르면 사람은 도움을 받았을 때보다 도움을 주었을 때 상대를 좋아하게 된다고 한다. 타인에게 도움을 요청하면 일뿐 아니라 인간관계에도 이롭다. 따라서 필요한 경우에는 망설이지 말고 도움을 청하고 기회가 되면 상대를 도와주면서 신뢰관계를 강화하자.

7. 출퇴근시간을 유용하게 사용한다.

직장인이 확보하기 쉬운 '공백의 시간'은 바로 출퇴근시간이다. 많은 사람들이 출퇴근에 왕복 1시간 이상을 할애한다. 2~3시간이 걸리는 경우도 있다. 이 긴 이동시간을 어떻게 활용하느냐에 따라 생활의 질은 완전히 달라진다. 물론 학습 이외의 목적으로 출퇴근시간을 활용해도 좋다. 음악을 들으며 휴식을 취하거나 정신을 이완하는 시간으로 보내도 좋다. 수면이 부족한 사람들은 숙면을 취하는 것도 나쁘지 않다. 또한 잠시 눈을 감고 공상에 잠기는 것도 스트레스 해소에 도움이 된다.

평소 자신감이 없는 사람이라면 이 시간을 긍정적으로 생각하기 위한 이미지 트레이닝에 활용해도 좋다. 회사에서 활기차게 일하는 자신의 모습, 만족스럽게 프레젠테이션을 하는 모습, 새로운 아이디어에 대해 생각의 나래를 펼치는 모습을 상상하는 습관을 들이면 사무실에 도착하자마자 상쾌하게 하루를 시작할 수 있다.

[출처] 봉리브르, 〈일에서 시간도둑 퇴치하는 7가지 방법〉, 2016.12.12. 발췌

학습평가 Quiz

1. 다음 중 괄호 안에 들어갈 말은?

> 시간관리 전문가들은 하나같이 시간관리의 핵심은 (　　)이라고 말한다. 어디서 출발해서 어디로 가고 싶은지 정했다면 출발지에서 도착지까지 가는 길을 제시하는 지도가 있어야 한다. 그래야만 중간 지점에 머물거나 선로를 이탈하지 않는다.

① 계획　　② 목적
③ 비전　　④ 전략

2. 효율적인 시간관리를 하려면 다이어리나 혹은 그 밖의 시간관리 도구를 활용해야 한다. 특히 이것은 눈에 가시적인 일정을 확인할 수 있기 때문에 스스로 그 약속을 지키기 위해 노력하게 되며, 업무시간 외에 개인시간을 활용하는데 도움이 된다. 한 주를 시작할 때 금주에 저녁과 주말에 어떤 일정을 미리 계획할지 기록한다면, 개인 생산성이 한층 높아질 것이다. 이것은 무엇에 대한 설명인가?

① 시간관리 매트릭스　　② 역L자형 스케줄표
③ 다이어리　　④ 달력

3. 다음 중 시간관리의 이점이 아닌 것은?

① 스트레스를 더 받는다.
② 자신과 자기 인생에 대한 만족감이 커진다.
③ 더욱 원만한 관계를 형성한다.
④ 하고 싶은 일을 할 시간이 많아진다.

4. 시간관리를 잘 하면 많은 이점이 있다. 시간관리를 잘 하는 사람들에게는 나름대로의 뚜렷한 특징이 있는데, 앞서 학습한 것을 토대로 네 가지의 특징을 작성해보자.

① ② ③ ④

5. 스티븐 코비 박사의 시간관리 매트릭스를 보면 일과 삶의 균형과 만족감을 높이기 위해서는 중요하지만 긴급하지 않은 일을 해야 한다고 했다. 여러분에게 있어 중요하지만, 긴급하지 않은 것은 무엇인지 여러분의 생각을 작성해보자.

학습내용 요약 Review (오늘의 Key Point)

1. 웹스터(Webster) 사전에 의하면 시간이란 '과거로부터 현재를 거쳐 미래로 이어져 가는 사건들의 연속체'라고 해석하고 있다. 우리가 일상생활을 하면서 크고 작은 사건들이 모여 결국 시간이 되는 것이다.

2. 시간관리를 잘 하는 사람들에게는 나름대로의 뚜렷한 특징이 있다.

   ① 시간관리를 잘 하는 사람은 단호하게 행동한다.
   ② 시간관리를 잘 하는 사람은 스트레스를 덜 받는다.
   ③ 시간관리를 잘 하는 사람은 일과 삶의 균형을 맞춘다.
   ④ 시간관리를 잘 하는 사람은 인생의 큰 그림을 먼저 본다.

3. 시간을 잘 관리하기 위해서는 관리하기 위한 목표가 있어야 한다. 즉, 전략적인 장기목표, 비전을 계획해야 한다. 비전은 10년 혹은 20년 후 먼 미래에 언제, 어디서, 누구와 어떤 꿈을 펼치고 있을지에 대한 자신의 모습을 그려보는 것이다.

4. 긴급하지 않지만, 중요한 일에 집중했을 때 내 삶의 생산성과 균형점을 찾게 된다. 미래에 대한 고민과 계획, 건강관리, 정신적/영적인 관리, 그동안 소홀했던 대인관계, 정기적인 자동차 검진 등 나와 내 주변의 소중한 부분에 관심을 갖게 되면 삶의 만족감도 올라가게 된다.

5. 시간관리를 하려면 다이어리나 혹은 그 밖의 시간관리 도구를 활용해야 한다. 특히 L자형 스케줄표는 눈에 가시적인 일정을 확인할 수 있기 때문에 스스로 그 약속을 지키기 위해 노력하게 된다. 따라서 역L자형 스케줄표는 업무시간 외에 개인시간을 활용하는 데 도움이 된다.

6. 좋은 시간관리 도구의 조건은,

   ① 목표를 세우고 계획할 수 있어야 한다.
   ② 우선순위를 부여할 수 있어야 한다.
   ③ 주간 단위의 일정을 알 수 있어야 한다.

스스로 적어보는 오늘 교육의 메모

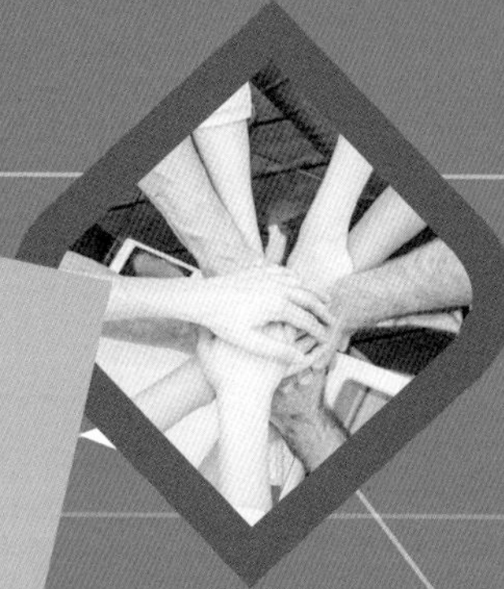

논리적 사고

Contents

1. 체계적 업무를 위한 논리적 사고와 스킬
2. 보고서 작성 스킬

Learning Objectives

1. 체계적 업무를 위한 논리적 사고와 스킬에 대해 설명할 수 있다.
2. 보고서 작성 스킬과 커뮤니케이션 방법에 대해 설명할 수 있다.

9 Chapter

이야기 속으로 ...

익숙한 업무를 실수하는 이유가 뭘까.

최대리는 한 달 후에 진행되는 해외직원 교육 준비로 바쁜 일정을 보내고 있다. 해외직원들의 한국 방문을 위한 비자관련 서류와 공항의 버스탑승 위치와 호텔 동선까지 자세히 안내했다. 그리고 일주일 동안 머물 연수원과 공장견학을 위한 단체버스 예약까지 사전 예약 및 결제가 필요한 부분 또한 잘 마무리했다. 3년째 진행하는 연수이기 때문에 머리 속에 대략 무엇을 준비해야 하는지 짐작하고 있다.

어느덧 시간이 흘러 드디어 교육 시작일이 다가왔다.

그런데 몇 가지 문제가 발생했다. 첫 번째는 내일 당장 교육을 시작해야 하는데, 교재가 아직 준비되지 않았다. 여러 강사진의 교재를 취합하여 업체에 맡겼으나, 각기 다른 스타일로 자료가 제작되다 보니 예상보다 시간이 오래 걸린다는 것이었다. 교재를 검수하려면 최소한 교육시작 3~4일 전에는 검토해야 하는데, 교육 전날 교재를 제작하니 참으로 난감한 상황이었다.

두 번째는 연수원에 도착하여 강의장을 둘러보는데, 기대했던 것보다 강의장이 작았다. 뒤에 공간을 활용할 생각이었는데, 이 또한 사전에 체크를 못했던 것이다.

세 번째는 한 명의 직원이 연수 전날 참석을 못하겠다는 연락을 받았다. 확인해 보니, 중간에 명단이 한 명 바뀌었는데 비자신청을 위한 서류를 발송하지 못했던 것이다. 결국은 참석을 못하게 되었다.

최대리는 3년 동안 진행한 교육이라 잘 준비될 것이라고 생각했지만, 결국 몇 가지 실수를 하게 되었다. 무엇이 문제일까.

본 챕터에서는 체계적인 업무관리를 하기 위한 논리적 사고와 스킬 그리고 문서작성까지 실제 업무 수행 시 필요한 스킬들을 학습해 보고자 한다.

사전진단. Self Check

1. 다음은 무엇에 대한 설명인가?

> 상사의 지시를 받고, 보고를 하거나 커뮤니케이션을 할 때 혹은 프레젠테이션을 하거나 누군가에게 설명을 할 때에 OOO 흐름이 있느냐 없느냐는 매우 중요하며, 이것은 지속적으로 요구되는 능력 중 하나이다.

① 창의적 ② 기술적 ③ 통합적 ④ 논리적

2. 다음은 무엇에 대한 설명인가?

> 맨 위의 꼭지점은 '주장'이다. 주장을 하려면 그 아래 두 개의 꼭지점인 데이터와 논거가 있어야 한다. 주장은 어떠한 이야기의 결론 혹은 의견이다. 데이터는 이를 뒷받침할 객관적인 수치, 통계, 사실, 구체적인 사례를 말한다. 논거는 원칙, 법칙, 일반상식 등의 이유에 속한다.

① 삼각논리 ② 연역법 ③ 귀납법 ④ 설득

3. 이것은 항목들이 상호 배타적이면서 모였을 때는 완전히 전체를 이루는 것을 의미한다. 이를테면 '겹치지 않으면서 빠짐없이 나눈 것'이라 할 수 있다. 즉, 누락이나 중복이 없는 상태를 말하는 이것은 무엇이라 하는가?

① MICE ② MECE ③ Logic Tree ④ PREP

1. 체계적 업무를 위한 논리적 사고와 스킬

(1) 논리적 사고와 로직트리

논리적 사고는 직장생활을 할 때 가장 필요한 사고능력 중 하나이다. 상사의 지시를 받고, 보고를 하거나 커뮤니케이션을 할 때 혹은 프레젠테이션을 하거나 누군가에게 설명을 할 때에도 논리적 흐름이 있느냐 없느냐는 매우 중요하며, 지속적으로 요구되는 능력이다. 논리적인 사고력이 없다면 아무리 많은 지식을 가지고 있더라도 자신이 만든 계획이나 주장을 주위 사람에게 이해시키거나, 설득하는 것은 쉽지 않을 것이다. 논리적 사고에는 여러 가지 기술이 있지만, 사용하지 않으면 의미가 없다. 먼저 아래의 4가지 논리적 사고의 기술을 이해하자.

① 매크로(Macro)에서 마이크로(Micro)로 생각하자.

전체상을 제대로 파악하지 못한 상황에서 무턱대고 세부적인 내용만 설명하면 상대방은 제대로 이해하지 못한다. 먼저 전체상을 정리하고, 그 다음에 부분을 자세하게 표시한다. 각각의 부분이 전체의 어느 부분에 해당하는지 설명하면 듣는 사람도 쉽게 이해한다. 이렇게 프로세스화하여 정리하면, 개요 → 상세 → 구체화 단계로 설명할 수 있다.

② 삼각논리로 주장하자.

삼각논리는 논리의 기본이다. 삼각논리의 맨 위의 꼭지점은 '주장'이다. 주장을 하려면 그 아래 두 개의 꼭지점인 데이터와 논거가 있어야 한다. 주장은 어떠한 이야기의 결론 혹은 의견이다. 데이터는 이를 뒷받침할 객관적인 수치, 통계, 사실, 구체적인 사례를 말한다. 논거는 원칙, 법칙, 일반상식 등의 이유에 속한다. 명확하게 주장하기 위해서는 스스로 '왜'라는 질문을 던져보고 데이터와 논거를 통해 그 주장을 뒷받침해야 한다.

③ '왜'라는 질문부터 생각하자.

우리 주변에는 해결의 실마리가 보이지 않는 일이 종종 발생한다. 이 일을 왜 해야만 하는지에 대한 질문을 먼저 던져보면 그 다음 무엇을 해야할지 해결책이 떠오르곤 한다. 따라서 Why(왜) → What(무엇을) → How(어떻게)의 사고 흐름을 갖는 것이 중요하다. '왜'라는 목적부터 다시 한 번 생각해보고, 그 다음은 무엇을 어느 정도 수준까지 해야 할지 목표를 세우고, 그것을 달성하기 위한 실행계획을 수립하면 된다. 목적이 흔들리면 결국 실행계획마저 흔들리게 된다.

④ MECE로 새로운 기회를 포착한다.

MECE(Mutually Exclusive Collectively Exhaustive의 약자, 상호배제와 전체포괄)는 항목들이 상호 배타적이면서 모였을 때는 완전히 전체를 이루는 것을 의미한다. 이를테면 '겹치지 않으면서 빠짐없이 나눈 것'이라 할 수 있다. 영어권에서는 '미씨'라고 읽는다.

[출처] 위키백과 사전

MECE란 다시 말해 누락이나 중복이 없는 상태를 말한다. 새로운 일을 시작할 때, 먼저 MECE로 전체를 보는 습관을 갖는 것이 중요하다. 예를 들어, S사의 신입사원이 텔레비전을 팔기 위해 소비자에게 설명을 한다고 가정해보자. "저희 제품은 화면 품질이 깨끗하고(성능), 내구성이 좋고(성능), 소비전력이 좋다.(성능)" 라고 성능에 대한 장점을 열거했다. 성능에 대한 중복이 발생했고, 성능 외에 다양한 장점에 대해 설명하지 않아 누락이 발생했다. 상대를 설득할 때 성능 외에 가격에 대한 요소라든가, AS 대응이 빠르다든가 등 다양한 요소의 장점들이 있을 수 있기 때문이다. 누락과 중복이 없는 상태인 MECE하게 상대를 설득해야 한다. 즉, 가격, 성능, 대응력 등 최대한 누락 없이, 중복되지 않게 설명해야 한다.

[그림 9-1] 중복과 누락이 없는 MECE

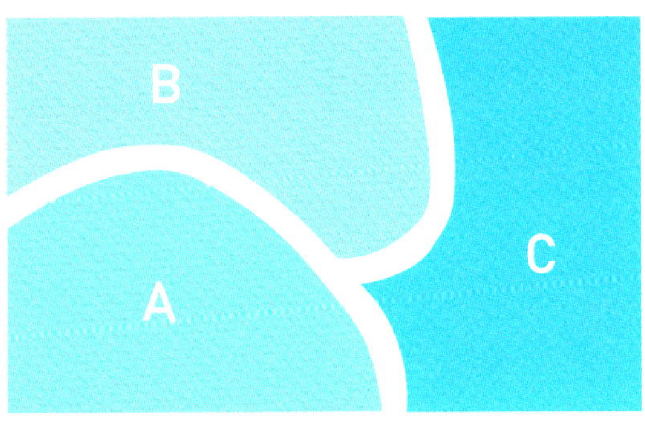

〈MECE를 잘 적용한 사례〉

① 3C : Customer(고객), Competitor(경쟁사), Company(자사)
② QCD : Quality(품질), Cost(비용, 원가), Delivery(납기)
③ PEST : Politics(정치적 요인), Economics(경제적 요인), Society(사회적 요인), Technology(기술적 요인)
④ SWOT : Strengths(강점), Weakness(약점), Opportunity(기회), Threat(위협)

이러한 논리적 사고는 다른 사람을 공감시켜 움직일 수 있게 하며, 짧은 시간에 헤매지 않고 사고할 수 있게 한다. 또한 행동을 하기 전에 생각을 먼저 하게 하며, 주위를 설득하는 일이 훨씬 쉬어진다.

(2) 로직트리 종류와 작성법

로직트리(Logic Tree)란 주요한 이슈를 MECE의 사고방식에 기초하여 상위의 개념을 하위의 개념으로 논리적으로 분해해 나가는 스킬을 의미한다. 로직트리는 논리(로직)의 나무(트리)라는 뜻으로, 나뭇가지와 나뭇잎을 그리듯이 논리를 연결해 나간다. 정리하기 힘든 많은 양의 정보를 로직트리로 이용하면 한결 정리가 쉬워진다.

[그림 9-2] 로직트리의 개념

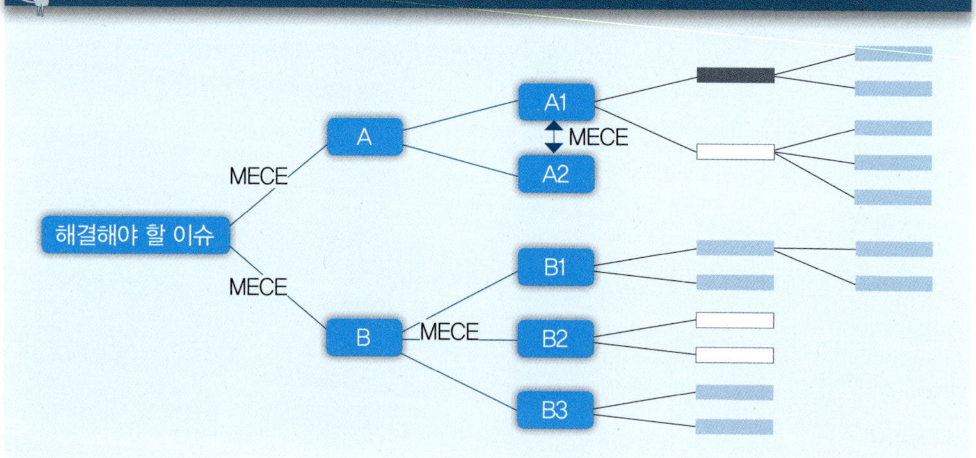

로직트리는 왼쪽에 해결하고 싶은 주요 과제를 적고, 오른쪽에 그 과제를 해결할 방법을 계층별로 단계를 나누어 세분화하는 방법이다. 로직트리로 계층을 나눌 때에는 가급적이면 MECE를 통해 중복과 누락을 없애는 것이 좋다.

① 로직트리의 종류

로직트리는 What Tree, Why Tree, How Tree 세 개의 종류로 구분된다. What Tree는 문제나 이슈를 구성하는 요소에 대해 과제를 선정하거나, 어떤 행사를 하기 위한 체크리스트 혹은 필요한 항목의 나열을 할 때 작성한다. Why Tree는 문제의 원인을 분석할 때 사용한다. 어떠한 문제가 발생되는 원인에 대해 그 원인의 요소를 다양한 각도해서 생각해 보고, 작성할 수 있다. 문제의 원인을 집중적으로 분해해 나가다 보면 문제의 본질에 다다르게 된다. 그때 How Tree를 사용한다. 원인이 다르면 해결책도 다르듯이, 원인에 대한 해결책을 찾아볼 수 있다. 원인을 알면 그 해결책은 쉽게 찾아낸다.

② 로직트리의 작성법

아래 Why Tree 예시 그림을 살펴보자. 어떤 제품에 대해 매출이 오르지 않을 때, 상품 그 자체의 상품력이 부족하거나 혹은 이를 판매하는 영업사원 판매능력이 부족할 수 있기 때문에 MECE하게 접근할 수 있다. 혹은 상품력과 판매력이 내부환경이라면, 외부환

[그림 9-3] Why Tree 예시

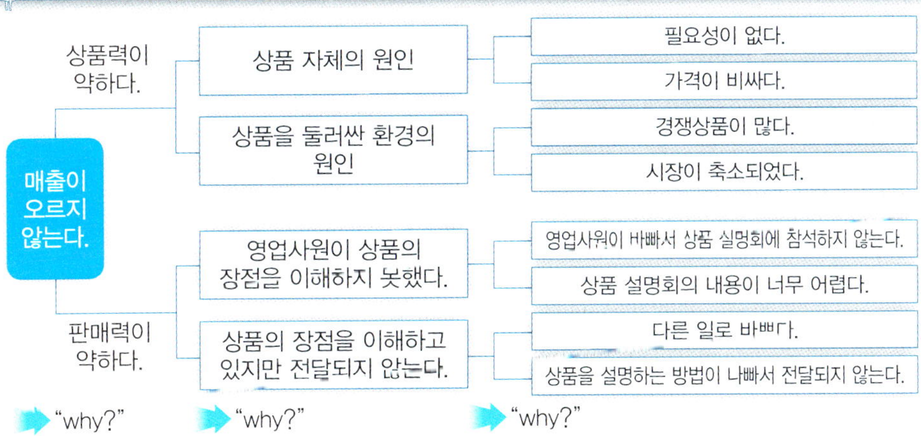

경이라는 트리를 만들어 이 또한 MECE하게 접근하여 이 제품의 매출이 떨어지는 외부환경에 대한 이슈를 생각해 볼 수 있다. 그 다음은 '왜'라는 질문을 던지며 트리를 분해해 나가면 문제의 다양한 원인들을 생각해 볼 수 있다.

다음은 What Tree에 대한 예시를 살펴보자. 교육담당자가 교육을 진행하기에 앞서 체크리스트를 What Tree를 이용하여 작성한 사례다. 교육을 준비할 때 사람과 관련된 것, 그리고 사람 외에 교육 준비물품과 관련된 것을 나누어 트리를 분해해 나가면 된다. 이 또한 MECE한 접근방식으로 중복과 누락을 방지하였다. 좀 더 세분화하여 작성하면 교육 준비를 할 때 빠짐없이 진행할 수 있는 체크리스트가 완성된다.

[그림 9-4] What Tree 예시

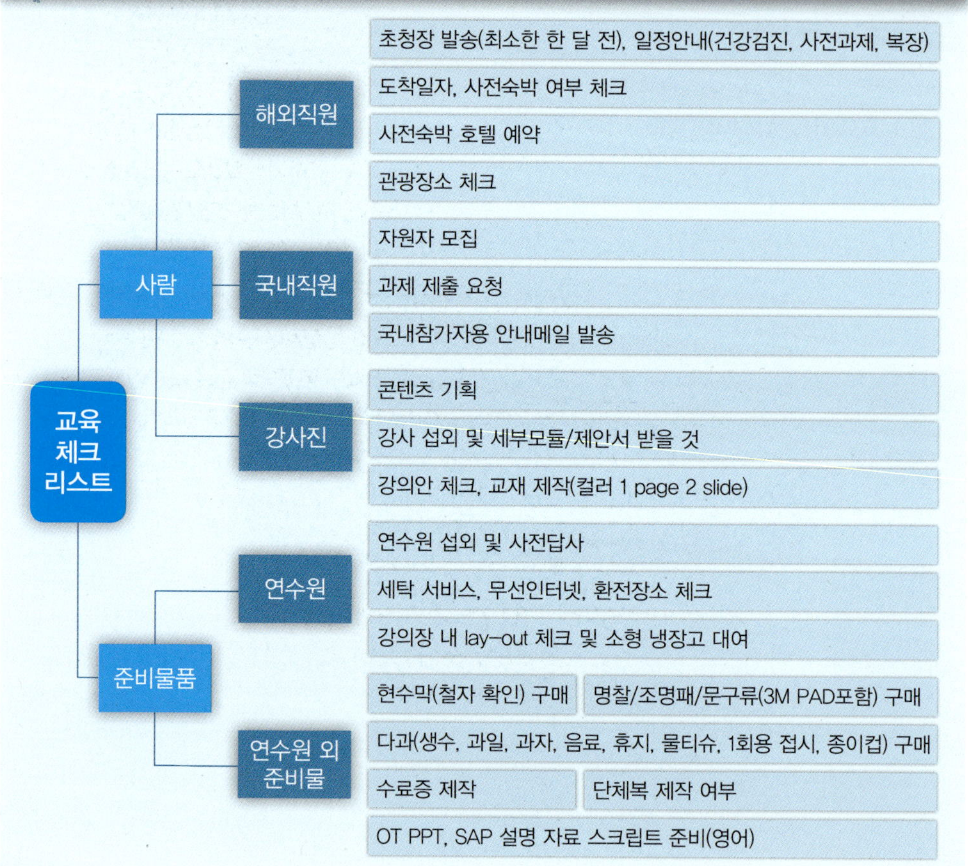

Level up Mission Step 1

본문 내용에서 학습한 것을 토대로 앞으로 내가 자동차를 구매한다면 자동차를 선택하기 위한 구성요소, 즉 체크리스트를 알아보는 What Tree를 이용하여 작성해보자.

사례

면접은 멘탈 게임…'논리적 사고'의 소유자가 돼라

LG전자에서 4년 동안 채용그룹장을 역임한 이동진 J&C취업전략연구소장은 '기업이 원하는 인재'가 어떤 사람인지 아는 게 먼저라고 말한다. 홈페이지에 나와 있는 손에 잡히지 않는 이상향의 '인재상'이 아니라, 실제로 뽑길 원하는 신입사원의 모습을 알아내야 그에 맞는 전략을 세울 수 있다는 것이다.

"스마트한 신입사원이라 평가받는 사람들에겐 공통점이 있어요. 바로 논리적 사고(logical thinking)를 한다는 겁니다. 면접관이 던지는 질문의 의도를 파악해 자기만의 지식과 분석력으로 답하는 사람이죠. 논리적 사고를 하는 사람은 직무 역량이나 문제해결능력도 뛰어난 경우가 많습니다."

일반적으로 기업이 원하는 인재상은 바로 '논리적 사고'의 소유자라는 말이다. 짧은 시간에 만들어진 얕은 지식이 아닌, 온전히 자신만의 콘텐츠를 만들어 놓은 이들은 어떤 면접장에서도 돋보인다는 것.

하지만 면접관이 알아차릴 정도의 논리적 사고 수준을 갖추려면 적지 않은 시간과 노력이 필요하다. 공부와 경험, 여러 사람과의 대화 등을 통해 만들어지는 것이라 단시간에 흉내내기도 어렵다. 당장 무엇부터 시작해야 할까.

"우선 지망하는 업종과 직무에 대해 진지하게 분석해보세요. 최대한 발로 뛰어서 살아 있는 정보를 수집해 '내 것'으로 정리하는 겁니다. 이와 함께 그 분야에 대한 깊은 고민이 동반되면 콘텐츠가 훨씬 풍부해지죠. 또 자신의 능력과 자질에 대해 총정리를 해보세요. 한두 장짜리 자기소개서가 아니라, A4 용지 6~8장 분량으로 자세히 쓰는 겁니다. 이게 큰 '밑천'이 될 거예요."

[출처] 한경 매거진, 〈면접은 멘탈 게임…'논리적 사고'의 소유자가 돼라〉, 2010.8.1. 발췌

2. 보고서 작성 스킬

(1) 보고서 작성의 기본요소

우리가 흔히 말하는 문서작성은 한 페이지에서 수십, 수백 페이지의 보고서 작성을 의미한다. 회사에 입사하면 가장 많이 듣는 상사의 지시 중에 하나가 "1 페이지로 일단 정리해 봐~"라는 말이다. 이렇게 시작한 보고서 작성은 애증의 관계가 되어 끊임없이 괴롭히는 것 중에 하나가 된다. 회사의 거의 대부분의 모든 일, 다시 말해 커뮤니케이션은 보고서, 문서로 이루어진다고 해도 과언이 아니다. 실적을 보고하든, 신상품을 기획하든, 심지어 회의를 하더라도 문서로 시작해서 문서로 마친다. 일단 보고서 작성방법을 학습하기에 앞서, 피해야 할 보고서는 무엇인지 알아보자.

〈잘못된 보고서 유형〉

① 근거불확실형 : 주장만 있고 근거가 없다.
② 방향상실형 : 무엇을 해야 할지 모르게 만든다.
③ 횡설수설형 : 스토리가 없어 이해하기 어렵다.
④ 실행부족형 : 구체적인 계획이 없다.
⑤ 그림퍼즐형 : 이미지만 있고 텍스트가 없다.
⑥ 기본기부족형 : 기본적인 것들을 지키지 않는다.

〈출처〉〈보고서의 신〉, 박경수, 더난출판, 2015

보고서를 작성하기 위해서는 기본적인 스토리가 뒷받침되어야 한다. 스토리는 5W 3H로 설명할 수 있다. 5W 3H는 What, Why, Who, When, Where, How, How much, How long을 의미한다. What은 보고서의 주제를 말하고, Why는 보고서를 왜 작성하는지 그 목적이나 배경에 대해 작성하는 것을 말한다, Who는 누가 실행하는지 혹은 누가 이 보고서와 관련하여 관여된 사람이 누구인지 작성하는 것이며, When과 Where은 언제 어디서 실행할 것인지 작성하는 것을 말한다. How는 어떠한 방법과 프로세스로 진행할 것인지 작성하고, How much는 예산이 얼마나 소요되는지 작성한다. 마지막으로 How long은 기간이 얼마나 소요되는지를 작성하는 것이다.

[그림 9-5] 스토리의 기본요소

What	✓ 무엇을 하려는 것인가?
Why	✓ 왜 하는 것인가?
Who	✓ 누가 실시하고 누가 대상인가?
When	✓ 언제 실시할 것인가?
Where	✓ 어디서 실시할 것인가?
How	✓ 어떻게 추진할 것인가?
How much	✓ 예산과 비용은 얼마나 들 것인가?
How long	✓ 얼마나 걸릴 것인가?

(2) 보고 커뮤니케이션

최고의 인재들은 업무지시를 받을 때 하나라도 놓치지 않기 위해 늘 메모를 한다. 언제 어디서든 바로 펼칠 수 있는 곳에 노트를 두고, 늘 메모할 준비를 갖추고 있다. 메모를 하면 좋은 점은 말하는 사람에게 듣는 사람이 이해하고 있음을 나타낼 수 있고, 차후 보고서를 작성할 때 내용을 잊지 않고 정리할 수 있다. 이외에 보고를 잘하기 위한 커뮤니케이션 방법에 대해 학습해 보자.

① 보고를 받으면 그 자리에서 완성된 이미지를 공유하자.

일을 맡을 때는 그 자리에서 지시를 내린 사람과 완성된 일의 이미지를 공유한다. 그러기 위해서는 앞서 학습한 5W 3H에 대해 명확하게 확인하는 것이 좋다. 그래야 전체적인 이미지를 그 자리에서 공유할 수 있기 때문이다.

② 보고는 타이밍이다.

보고의 기본은 상사가 요구하기 전에 보고하는 것이다. 상사가 재촉을 하기 시작하면 이미 보고는 늦은 것이다. 상사가 재촉을 하면 나도 모르게 당황하게 되어 덜 준비된 자료로 급하게 보고하게 되는 경우도 발생한다. 따라서 상사가 원했던 마감기한보다 조금 이르게 보고를 하면 역량 있는 사원으로 인정받을 수 있다.

③ 자신감을 갖자.

부하직원 입장에서 상사가 바쁘면 보고를 미루게 되는 경우가 발생한다. 하지만 상사가 아무리 바쁘더라도 자신있게 자신의 이야기를 전달하고, 보고의 기한에 늦지 않는 것이 중요하다. 상사는 늘 바쁘다. 보고서가 준비되면, 즉시 상사에게 보고해야 한다.

④ 보고는 아침에 보고하자.

아침에 출근하자마자 상사에게 보고하면, 몇 가지 장점이 있다. 아침에 보고를 하면 잘못된 방향에 대해 수정할 수 있는 시간적 여유가 많아진다. 오후 늦게 보고하면, 또 하루를 지나 이틀날 보고하게 된다. 또한 이른 아침은 전화벨이 울리지 않는 조용한 환경이기 때문에 보고하기에 최적의 시간이다.

⑤ 보고는 수치화하여 보고하자.

보고를 할 때는 늘었다, 줄었다 등의 추상적인 표현을 자제하고, 정량적으로 수치화하여 표현하는 것이 좋다. 그 비교 대상은 전년대비라는 과거실적 기준, 경쟁사 수준에 따른 수준, 목표대비 수준 그리고 벤치마킹 기업 대비 우리의 수준에 대해 수치화하여 보고하는 것이 한눈에 들어온다.

변경 전	변경 후	비교기준
작년도 매출액 200억	작년도 매출액이 전년대비 10% 감소, 200억	과거실적
상반기 고객만족도 지수 4.0	상반기 고객만족도 지수 경쟁사보다 0.2 떨어진 4.0	경쟁사 수준
5월 불량률 0.3% 발생	5월 불량률 목표대비 0.1% 높은 0.3% 발생	목표 수준
신입사원 1년 내 퇴사율 20%	신입사원 1년 내 퇴사율 벤치마킹 기업 A사보다 5% 높은 20%	벤치마킹 기업 기준

⑥ 다양한 보고 스킬을 익히자.

첫 번째는 CBW 스킬이다. CBW는 Conclusion(결론), Basis(근거, 원인), Way(방법, 대안)의 의미로, 결론부터 보고하고, 이에 대한 근거나 원인 그리고 대안에 대해 보고하는 스킬이다. 두 번째는 PREP 스킬이다. PREP은 Point(결론), Reason(이유), Example(사례), Point(결론)의 의미로, 첫 번째 배운 스킬에 사례를 추가했다고 보면 이해하기 쉽다. 사례를 통해 설득의 효과를 배가하였다. 세 번째는 CIM 스킬이다. CIM은 Change(변화), Impact(영향), Modify(수정)의 의미로, 현재 내·외부의 변화로 인해 우리가 처한 현상과 앞으로 끼칠 영향에 대해 설명하고, 수정해야 할 전략에 대해 보고하는 방식이다.

Level up Mission Step 2

앞서 학습한 바와 같이 보고서 작성을 위한 기본요소를 기억하며, 사내 체육대회를 한다고 가정했을 때 5W 3H에 맞추어 작성해보자.

- What :
- Why :
- Who :
- When :
- Where :
- How :
- How much :
- How long :

사례

신입사원이 배워야 할 보고요령, 보고원칙 네 가지

새로운 한 해를 준비하는 연말이나 막 신년이 시작된 연초에 문구점을 가보면 다이어리 판매대가 가장 넓고 사람들로 북적댄다. 한마디로 다이어리는 인기 초절정의 아이템이다. 그러나 그 시점으로부터 한 달 정도만 지나도 다이어리에 대한 문구점의 대접은 달라진다. 일단 문구점의 가장 좋은 한복판에 놓여 있던 위치에서 구석 한복판으로 내몰리게 되고 가격도 40~50% 할인하여 판매된다. 황금 같은 시기를 놓쳐 버린 다이어리는 반값 혹은 똥값 처분되어 구석에 내몰리게 된 것이다.

이처럼 시기를 놓쳐 버려 효과가 반감해버리는 경우는 커뮤니케이션에서도 마찬가지이다. 커뮤니케이션의 가장 적기를 알고 그 적시적기에 대응할 때에는 큰 효과가 나지만, 실기해 버리면 효과 반감을 넘어 역효과가 날 경우도 많다.

회사에서 보고할 때도 그러는 경우가 종종 있다. 아무리 좋은 보고 안건 내용이라도 타이밍을 맞추느냐 못 맞추느냐에 따라 효과 백배인지, 반감인지가 구분된다.

그리고 머피의 법칙처럼 직장 상사에게 '내일쯤 보고해야지!'라는 그런 마음을 먹고 있을 땐 여지없이, "이 대리, 지난번에 말한 그 보고서 준비 아직도 안 되었나?"라고 채근을 당하게 된다.

이미 그런 질문을 받았을 때는 '내일 보고드리겠다.'는 변명은 말 그대로 변명에 불과하다. 설사 정말로 내일 보고드리려고 일정을 잡아놨어도 변명이 되어버린다.

가장 좋은 보고요령 4가지

1. 먼저

4가지 보고요령 중에서 가장 중요한 요소가 '먼저'이다. 보고에는 반드시 언제까지 보고한다는 납기가 있다. 그 납기가 되어서 상사로부터 보고하라는 지시가 있기 전에 먼저 보고를 하는 것이 좋다. 설령 조금 미진한 부분이 있더라도 상사에게 먼저 이야기를 꺼내 현재 진행되고 있는 상황에 대해서 알리는 게 가장 중요하다.

2. 빨리

상사에게 다음 주 화요일까지 보고하기로 일정을 잡았더라도 미리 준비되었다면 '빨리' 보고하라. '부장님, 내일 보고드리기로 한 시장 조사건 준비를 서둘러서 진행했습니다. 오늘 초안을 먼저 메일로 드렸습니다. 검토 부탁합니다.'라고 보고한다면 보고 기일을 넘기기 일쑤인 부하 직원과 비교하여 어떤 평가를 받을지는 쉬운 답이 나올 것이다.

3. 제때

때를 놓치는 보고는 안 하는 것보다 못할 수 있다. 넉넉한 시간을 주고 여유 있는 조사과정을 거치면 누구든 못할 보고가 없을 것이다. 짧은 시간이라도 주어진 시간 내에 최대한 효율적인 조사로 효과적인 보고를 이끌어내는 게 보고자의 능력이다. 물론 거기다가 앞서 말했듯이 일정 내에 빨리 끝낼 수만 있다면 금상첨화일 수 있다. 그러나 시기를 앞당기지 못한다면 반드시 납기 일정이라도 '제때' 맞춰야 한다.

4. 자주

보고 양이 많거나 오랜 시간 동안 준비하는 보고서라면 '자주' 보고하는 것이 필요하다. 방향에 대한 의문이 생겼을 때 해결이 되거나, 중간 점검을 받아보는 효과도 있을 수 있다. 중간에 수시로 보고를 하지 않고 최종 결과물을 제시했을 때 자칫 방향을 아예 잘못 잡아 헛수고하는 경우가 생길 수도 있기 때문이다. 보고 납기 전이라도 수시로 상사와 커뮤니케이션을 하면 더 좋은 보고서를 만들 수 있게 된다.

회사에 처음 들어가면 1페이지 안에 정리가 되어있는 보고가 최선이란 말을 귀가 따갑게 듣는다. 또는 엘리베이터에서 상사와 1층으로 내려가는 1분 안에 보고할 수 있는 사람이 성공확률이 높다고도 한다. 요점 중심의 똑똑한 보고를 말하는 것이다. 보고하고 싶은 시각이 아니라 보고받는 시각으로 생각하라는 말도 귀에 못이 박히도록 듣는다. 신입사원으로 회사에 입사했다면 이러한 보고요령은 아직 모르더라도 위에서 말한 '먼저, 빨리, 제때, 자주'만이라도 잊지 않고 실천한다면 보고에서만은 자신감 있는 직장인이 될 것이다.

[출처] 한국강사신문, 〈신입사원이 배워야 할 보고요령, 보고 원칙 네 가지〉, 2016.11.14. 발췌

학습평가 Quiz

1. 다음 중 괄호 안에 공통적으로 들어갈 말은?

> (　　　)란 주요한 이슈를 MECE의 사고방식에 기초하여 상위의 개념을 하위의 개념으로 논리적으로 분해해 나가는 스킬을 의미한다. (　　　)는 논리의 나무라는 뜻으로, 나뭇가지와 나뭇잎을 그리듯이 논리를 연결해 나간다. 정리하기 힘든 많은 양의 정보를 (　　　)로 이용하면 한결 정리가 쉬워진다.

① 로직트리　　② 보고스킬
③ Why Tree　　④ CIM

2. 다음 중 괄호 안에 공통적으로 들어갈 말은?

> 삼각논리의 맨 위의 꼭지점은 (　　)이다. (　　)을 하려면 그 아래 두 개의 꼭지점인 데이터와 논거가 있어야 한다. (　　)은 어떠한 이야기의 결론 혹은 의견이다. 데이터는 이를 뒷받침할 객관적인 수치, 통계, 사실, 구체적인 사례를 말한다.

① 결론　　② 주장
③ 보고　　④ 설명

3. 보고를 잘하기 위한 실행전략이 아닌 것은?

① 아침에 보고하자.
② 보고를 받으면 향후 보고할 때 이미지를 공유하자.
③ 수치화하여 보고하자.
④ 자신감을 갖자.

4. 이것은 What, Why, Who, When, Where, How, How much, How long을 의미한다. What은 보고서의 주제를 말하고, Why는 보고서를 왜 작성하는지 그 목적이나 배경에 대해 작성하는 것을 말한다. Who는 누가 실행하는지 혹은 누가 이 보고서와 관련하여 관여된 사람이 누구인지 작성하는 것이며, When과 Where은 언제 어디서 실행할 것인지 작성하는 것을 말한다. How는 어떠한 방법과 프로세스로 진행할 것인지 작성하고, How much는 예산이 얼마나 소요되는지 작성한다. 마지막으로 How long은 기간이 얼마나 소요되는지를 작성하는 것이다. 이것은 무엇인가?

5. 문제의 원인을 파악할 때 사용하는 Why Tree를 이용하여 여러분이 고민하고 있는 문제에 대해 이를 적용하여 작성해보자.

학습내용 요약 Review (오늘의 Key Point)

1. 논리적 사고는 직장생활을 할 때 가장 필요한 사고능력 중 하나다. 상사의 지시를 받고, 보고를 하거나 커뮤니케이션을 할 때 혹은 프레젠테이션을 하거나 누군가에게 설명을 할 때에도 논리적 흐름이 있느냐 없느냐는 매우 중요하며, 지속적으로 요구되는 능력이다.

2. 삼각논리는 논리의 기본이다. 삼각논리의 맨 위의 꼭지점은 '주장'이다. 주장을 하려면 그 아래 두 개의 꼭지점인 데이터와 논거가 있어야 한다.

3. MECE란 다시 말해 누락이나 중복이 없는 상태를 말한다.

4. 로직트리(Logic Tree)란 주요한 이슈를 MECE의 사고방식에 기초하여 상위의 개념을 하위의 개념으로 논리적으로 분해해 나가는 스킬을 의미한다. 로직트리는 논리(로직)의 나무(트리)라는 뜻으로, 나뭇가지와 나뭇잎을 그리듯이 논리를 연결해 나간다. 정리하기 힘든 많은 양의 정보를 로직트리로 이용하면 한결 정리가 쉬워진다.

5. 로직트리는 What Tree, Why Tree, How Tree 세 개의 종류로 구분된다.

6. 보고서를 작성하기 위해서는 기본적인 스토리가 뒷받침되어야 한다. 스토리는 5W 3H로 설명할 수 있다. 5W 3H는 What, Why, Who, When, Where, How, How much, How long을 의미한다.

7. 보고를 잘하기 위한 커뮤니케이션 방법

   ① 보고를 받으면 그 자리에서 완성된 이미지를 공유하자.
   ② 보고는 타이밍이다.
   ③ 자신감을 갖자.
   ④ 보고는 아침에 보고하자.
   ⑤ 보고는 수치화하여 보고하자.
   ⑥ 다양한 보고 스킬을 익히자.

스스로 적어보는 오늘 교육의 메모

국제감각

Contents

5
PART

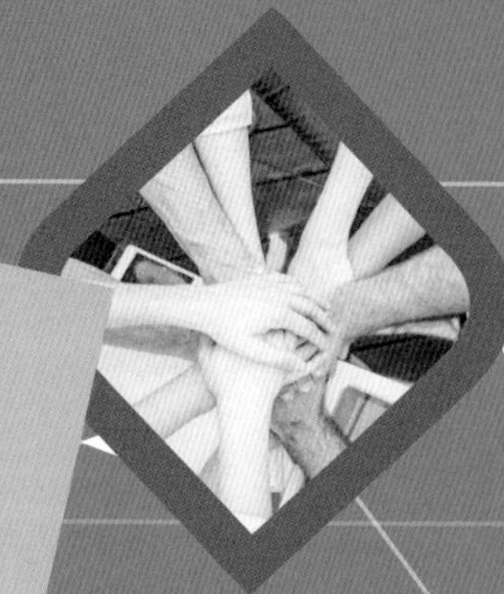

글로벌화의 개념과 이해

Contents

1. 글로벌화의 개념
2. 글로벌 시대의 이문화

Learning Objectives

1. 글로벌화의 개념과 트렌드를 설명할 수 있다.
2. 글로벌 시대의 이문화에 대해 설명할 수 있다.

10
Chapter

이야기 속으로 ...

한국에 없는 낮잠 자는 문화

최대리는 해외출장을 앞두고 분주하다. 해외사업에 진출한 공장에 방문하여 직원들 교육을 하기 위해서다. 이번에 진출한 나라는 세계에서 가장 많은 노동력과 잠재력을 가지고 있는 나라. 바로 베트남이다. 직원들 교육을 하기 위해 교재도 만들고, 몇몇 직원들에게 나누어 줄 선물도 준비했다.

출장일이 다가왔다. 베트남에 도착한 최대리는 호텔에 도착하여 짐을 풀고, 호텔 맨 꼭대기 층에 있는 레스토랑으로 향했다. 점심을 거른 터라 배가 상당히 고팠다. 테이블에 앉아, 주문을 기다리는데 여기저기 직원들이 누워서 잠을 자고 있었다. 그것도 아주 곤히 잠들어 있었다. 최대리는 연신 웨이터를 불렀고, 10분이 지나서야 겨우 음식을 주문할 수 있었다. 손님을 앞에 두고, 소파에 여기 저기 누워 잠들어 있는 모습을 보니 상당히 불쾌했다.

다음 날 공장으로 출근했다. 오전 교육을 마치고, 점심식사를 했다. 그러곤 공장 주변을 돌아보는데, 가는 곳곳마다 사무실, 창고 너나 할 것 없이 박스나 천을 깔고 누워 있었다. 거의 모든 직원이 잠에 취해 있었다. 그것도 휴게시간 1시간인 점심시간이 한참 지났는데도 잠을 자고 있었다. 상당한 문화충격이었다. 이게 어찌된 일일까.

베트남에서의 낮잠은 효율적인 휴식시간의 의미를 갖는다.

기온이 30도 이상 올라가는 낮 시간 일의 능률이 급격히 떨어지는 만큼 낮잠으로 에너지를 보충하는 꿀맛 같은 시간이다. 즉, 단순한 풍속의 차원을 뛰어넘어 오랜 세월 베트남 사람들이 구현해온 삶의 지혜인 것이다.

H그룹 베트남 법인장은 “처음에는 현지 직원들이 점심식사 후 요를 깔고 바닥에서 자는 모습에 놀라 사무실에 들어가지 못하고 주변을 배회했다.”며 “지금은 익숙해졌지만 처음에는 적응하기 어려웠다.”며 웃음을 내비쳤다.

베트남의 시에스타는 어디서나 찾아볼 수 있는 사회 현상이다. 회사에 다니는 사람들은 보통 점심을 마치고 30분가량 단잠을 잔다.

한편 시에스타는 유래가 정확하지는 않지만 대체로 포르투갈 남부 지방에서 시작돼 그리스 등 유럽을 거쳐 멕시코, 아르헨티나 등 라틴아메리카 국가들로 전파됐다고 알려져 있다. 스페인 등에서는 생산성을 높이기 위해 시에스타를 없애자는 움직임도 있었지만 최근에는 30분 정도의 짧은 낮잠이 원기를 회복하고 지적 · 정신적 능력을 높이는 효과가 있는 것으로 인정받고 있다.

본 챕터에서는 글로벌화의 개념과 글로벌 시대의 이문화를 학습하여 이문화에 대한 이해와 글로벌 트렌드를 학습해 보고자 한다.

사전진단. Self Check

1. 다음은 무엇에 대한 설명인가?

> 세계의 다양한 나라 혹은 사회에 존재하는 다양한 정치적, 경제적, 사회적, 문화적 시스템이 단일한 구조적 틀로 통합되는 과정을 말한다.

① 이문화　　② 글로벌화
③ 문화통합　　④ 문화충격

2. 다음은 무엇에 대한 설명인가?

> 상이한 문화적 배경을 갖고 있는 사람들이 서로 더 잘 이해하기 위해 노력하고, 소통하는 것

① 이문화 커뮤니케이션　　② 문화충격
③ 비언어적 커뮤니케이션　　④ 국제감각

3. 이것은 익숙하지 않거나 낯선 문화에 직면했을 때 나타나는 결과로서, 개인의 표준적인 사회적(자신의 사회, 하위문화, 구성된 집단) 시각이 파괴되는 것을 말한다. 이것은 무엇이라 하는가?

① 문화이탈　　② 문화충격
③ 문화파괴　　④ 국제감각

1. 글로벌화의 개념

(1) 글로벌화의 이해

'세계는 하나다'라는 말이 있듯이 세계화, 즉 글로벌화는 이미 가속되었으며, 가히 세계가 하나로 통합되었다고 해도 무방하다. 글로벌화(globalization)란 세계의 다양한 나라 혹은 사회에 존재하는 다양한 정치적, 경제적, 사회적, 문화적 시스템이 단일한 구조적 틀로 통합되는 과정을 말한다.(Marquard, Berger, & Loan, 2004, Marquardt & Engel, 1993, 박옥춘, 2007) 글로벌화는 정보기술의 발전으로 가속화되었으며, 정보의 이동은 국가 간의 물리적이고 영역적인 경계에 구속을 받지 않는다. 글로벌화가 가속화되면서 기업의 무대는 국내에서 세계로 확대되었는데, 글로벌 성공을 위해서는 새로운 비즈니스 패러다임을 가지고 뻗어나갈 준비가 된 인재가 필수적이다.(Dalton, Ernst, Deal, & Leslie, 2002) 기업에서 말하는 글로벌 인재란 국내외를 가리지 않고, 언제, 어디서나 자신의 비즈니스를 관리하고 성과를 낼 수 있는 사람으로, 주로 글로벌 비즈니스 역량을 가진 사람을 의미한다.

개인은 세계화에 따라 자유롭게 다른 나라로 이동을 하고, 다른 나라에서 생산된 상품이나 서비스를 이용한다. 조직은 세계시장에서 경쟁하고 살아남기 위한 역량을 강화해야 한다. 많은 기업들은 조직구성원의 글로벌 비즈니스 역량을 육성하는 데 안간힘을 쓰고 있다. [표 10-1]을 참고하여 글로벌 비즈니스 역량의 각 영역별로 어떠한 항목이 있고, 무엇을 의미하는지 확인해보자.

글로벌 사회에서 비즈니스에 필수적으로 요구되는 비즈니스 역량은 3개 영역, 12개 항목으로 구성된다. 역량이란 '성과목표를 달성하는 데 가장 큰 영향을 미치는 바람직한 행동특성, 혹은 개인이 업무를 수행하며 높은 성과를 올리기 위해 발휘되는 행동 혹은 특성'을 의미한다. 이러한 역량에는 크게 3가지로 구성되는데, 이는 지식, 기술, 태도로 나뉜다.

지식 영역에서는 글로벌화의 개념과 글로벌 리더의 역할에 대한 이해, 세계정세와 경제 흐름 및 글로벌 기업 경영의 동향 파악, 서구권·아시아권·신흥국가 등에 대한 이해가 요구된다. 기술 영역에서는 해외여행과 출장 준비 및 관련 업무의 능숙한 수행, 공식적인 상호관계 구축 및 커뮤니케이션 수행, 테이블 매너 및 에티켓, 영어 및 제2외국어 활용능력, 컴퓨터 및 각종 디지털 미디어 활용능력이 요구된다. 마지막으로 태도 영역에서는 우리나라 문화에 대한 이해와 자긍심, 상황에 적합한 이미지 연출 및 긍정적 자기 이미지 구축, 개방성과 유연성, 정직과 열정이 요구된다.

[표 10-1] 글로벌 비즈니스 역량

영역	항목	내용
글로벌 비즈니스 필요지식	글로벌화의 이해	• Globalization의 개념과 중요성 인식 • Global Leader에게 요구되는 자질과 역량 파악
	글로벌 경제 이해	• 세계 정세 및 경제 흐름 파악 • 글로벌 기업 경영 동향 파악
	이문화 이해	• 서구권 문화의 이해 • 아시아권 문화의 이해 • 신흥국가 문화의 이해
글로벌 비즈니스 필요기술	해외 비즈니스	• 해외 여행 및 출장 준비 • 해외 여행 및 출장 업무 능숙하게 수행
	커뮤니케이션	• 공식적 상호관계 구축 • 공식적 커뮤니케이션 능숙하게 수행
	매너 및 에티켓	• 모임 성격에 맞는 식당 및 메뉴 선정 • 테이블 매너 및 에티켓 준수
	외국어	• 영어 활용능력 • 제2외국어 활용능력
	IT 활용	• 컴퓨터 및 각종 디지털 미디어 활용능력
글로벌 비즈니스 필요태도	자문화 이해	• 우리나라 문화의 이해와 자긍심
	이미지 메이킹	• 상황에 적합한 이미지 연출 • 타인에게 긍정적 이미지 구축
	개방성과 유연성	• 다양한 사고방식과 관점 이해하고 차이 수용 • 불확실한 상황이나 문제에 대한 현명한 대처
	정직과 열정	• 도덕적 가치 기준에 따른 생각과 행동 • 최고를 향한 열정과 긍정적인 에너지 충만

단순히 글로벌에 대한 이해만 가지고 있다고 해서, 외국어를 잘한다고 해서 역량이 발휘되는 것이 아니라 실제 업무에서 발휘하기 위한 스킬, 즉 기술도 가지고 있어야 한다. 역량을 높인다는 것은 마치 우리 인체의 근육을 키우는 것과 동일하므로, 글로벌 역량을 키우기 위한 지식과 그 기술 그리고 우리의 마인드, 즉 태도의 변화도 함께 이루어져야 한다.

(2) 글로벌 트렌드

세계화 시대에 사는 우리는 언제 어디서든 글로벌 기업 현장에서 일할 수 있고, 다양한 인종과 함께 일할 기회도 증가했다. 또한 우리나라의 경제, 산업, 문화, 정치 등 다양한 영역에서 세계화의 영향을 받고 있는 만큼 글로벌 트렌드의 변화에 민감해야 한다. OECD는 2016 OECD 과학기술혁신 미래전망 보고서를 통해 과학기술 혁신시대에 도래된 8대 글로벌 메가트렌드를 밝혔다.

① 인구

- 저개발 국가들에서의 인구 증가와 고령화, 그리고 국가 간 인구 이동

② 천연자원과 에너지

- 물 수요 2000년~50년 사이 55% 증가
- 식량 생산 수율 향상 방안 및 토지 생산성 제고 필요
- 인구 증가와 경제성장으로 에너지 소비 급격히 증가

③ 기후변화와 환경

- 온실가스 배출 감축 필요, 기후변화로 인한 재난 대비 필요
- 생물학적 다양성 감소, 순환형 경제 실현 노력

④ 글로벌화

- 글로벌 가치사슬의 확대로 국가의 상호 연결성 강화
- 국제공동연구 및 외국인 직접투자(FDI) 증가

- 디지털 플랫폼으로 국가 간 통신 및 거래비용 절감, 소규모 다국적 기업 등장
- 우수 인력들의 국제교류를 통한 지식 전파 및 공유 필요

⑤ 국가의 역할

- 최근 경제위기로 인해 국가의 역할은 더욱 강화되는 경향

⑥ 경제 · 일자리 · 생산성

- 글로벌 경제성장률 2010~20년 사이 3.6% → 2.4%로 하락
- 세계 경제의 중심축이 아시아와 개도국으로 이동
- 디지털 기술 발달 및 융합

⑦ 사회

- 가족구조 변화에 따른 소비와 혁신 수요에 변화
- 글로벌 중산층 출현, 도시인구 급격한 증가 및 스마트시티 형성

⑧ 부(富) · 건강 · 웰빙

- 소득 및 부의 불평등 문제 심각
- 스킬에 기반한 기술변화로 불평등이 심화되나, 교육의 기회 확대 및 새로운 비즈니스 모델 출현
- 신규 치료법 및 신약개발, 혁신적 헬스케어 시스템 개발 및 실행

이러한 정치적, 경제적, 사회적, 기술적, 환경적인 변화는 현재 혹은 미래에 우리의 일과 업무에 밀접한 관련을 맺고 있기 때문에 국제적인 동향을 파악하고 이를 적용할 수 있는 능력을 키워야 할 것이다.

Level up Mission Step 1

본문에서 학습한 바와 같이 글로벌 비즈니스 역량을 다양한 영역에서 개발해야 한다. 자신을 되돌아볼 때, 글로벌 비즈니스 역량 중에서 내가 잘하고 있는 항목, 개선해야 할 항목이 무엇인지 생각해보고, 작성해보자. (항목 : 글로벌화의 이해, 글로벌 경제 이해, 이문화 이해, 해외 비즈니스, 커뮤니케이션, 매너 및 에티켓, 외국어, IT 활용, 자문화 이해, 이미지 메이킹, 개방성과 유연성, 정직과 열정)

잘 하고 있는 항목	개선해야 할 항목

사례

글로벌 인재란, 글로벌 역량을 갖추고 원칙을 지키는 사람!

첫째. 글로벌 시각을 갖추어야 합니다. 세계 곳곳에서 벌어지는 글로벌 이슈와 트렌드에 관심을 갖고 그것이 어떤 영향을 미칠지 판단해 발 빠르게 대응할 수 있어야 합니다.

둘째. 다른 나라 문화를 이해하는 것도 중요합니다. 여러 문화 사람들과 어울리고, 필요할 때는 다른 문화에도 잘 적응해야 합니다. 그리고 자기 문화를 설명하고 다른 문화와 비교할 수 있어야 합니다.

셋째. 글로벌 커뮤니케이션은 필수입니다. 영어는 기본적으로 편하게 구사하며, 자기 의견을 당당하게 발표하고 외국인들과 토론도 할 수 있어야 합니다. 특히 다양한 사람이 참여하는 회의를 효과적으로 이끌고 합리적인 결론을 도출하는 능력도 갖추어야 합니다. 우리는 평소 이런 훈련을 받지 못했기 때문에 국제 무대에 나갈 때 더욱 준비가 필요합니다. 이처럼 회의를 효과적으로 준비하고 이끄는 방법을 '회의 퍼실리테이션(Facilitation)'이라고 합니다.

넷째. 외국 사람들과 신뢰와 공감을 바탕으로 좋은 인간관계를 형성하고, 다양한 사람으로 구성된 팀을 효과적으로 이끌 수 있는 능력이 필요합니다.

다섯째. 글로벌 수준의 윤리의식, 안전의식, 환경보호, 인격존중, 일관성 등 글로벌 원칙과 국제적인 에티켓은 기본입니다.

여섯째. 다양한 상황에 맞추어 글로벌 협상을 효과적으로 수행하고 분쟁이나 갈등을 조정할 수 있어야 합니다.

일곱째. 진출할 나라의 사업 환경과 비즈니스 관례, 각종 법규에 대해 잘 이해하고, 필요한 계약서도 작성할 수 있어야 합니다. 여기서 간단히 윤리와 안전 원칙에 관한 사례를 들어보겠습니다. 때때로 회사 직원이 고객 요청에 따라 서류의 날짜를 바꿔주거나 또는 회사의 이익을 위해 서류상 숫자를 일부 바꾸는 일을 할 수 있습니다. 외국 글로벌 기업들은 이를 원칙에 어긋나는 위법 행위로 보고 철저하게 금지하고 있습니다. 만약 이를 어기면 윤리규정 위반으로 처벌받습니다. 처벌도 '원 스트라이크 아웃' 제도라고 해서 무조건 퇴사 처분을 받게 됩니다. 글로벌 환경에서 사업할 때는 사소한 위법 행위도 곧 전 세계에 전파돼 회사 이미지를 크게 실추시킬 수 있으므로 원칙을 엄격하게 적용하는 것입니다.

[출처] 마이프렌드 효성 블로그, 〈글로벌 인재란, 글로벌 역량을 갖추고 원칙을 지키는 사람!〉, 2014.3.11. 발췌

2. 글로벌 시대의 이문화

(1) 이문화 커뮤니케이션

세계화 시대에 살고 있는 요즘, 공간의 제약을 넘어 다른 나라 사람들과 함께 일할 기회가 증가하였다. 무국경화(borderless)에 따라 우리 주변에는 다민족, 다문화가 공존하는 삶의 영역부터 글로벌 기업의 국경 없는 전쟁이 눈앞에서 펼쳐지고 있다. 특히 업무 현장에서 외국인과 함께 일하는 국제 비즈니스 현장에서는 이러한 커뮤니케이션이 무엇보다 중요하다. 이 같은 사회에서 상이한 문화적 배경을 갖고 있는 사람들이 서로를 더 잘 이해해가기 위해서는 이문화를 이해하는 것이 이문화 커뮤니케이션의 출발이다.

상이한 문화를 학습하거나 혹은 경험을 하게 되면 문화충격에 빠지는 일도 발생한다. 문화충격은 한 문화권에 속한 사람이 다른 문화를 접하게 될 때 나타나는 충격을 의미한다.

문화충격[culture shock]

익숙하지 않거나 낯선 문화에 직면했을 때 나타나는 결과로서, 개인의 표준적인 사회적(자신의 사회, 하위문화, 구성된 집단) 시각이 파괴되는 것을 말한다.

[출처] 사회학 사전

문화충격에 대비하기 위해서는 다른 문화에 대한 개방적인 태도를 갖는 것이 중요하다. 또한 다른 나라 사람들을 만나거나, 업무상 해외 출장을 가거나, 혹은 해외사업을 진출할 때에는 그 나라의 문화에 대해 사전에 충분히 학습하는 자세 또한 가져야 할 것이다.

(2) 이문화 경영

기업경영에서도 같은 제품을 다른 나라에서 출시할 때 그 나라의 의식주, 예술, 전통, 건축, 정치, 종교, 디자인, 등 다양한 문화에 대한 이해와 학습을 통해 효과적인 제품 현지화 전략을 수립하는 것이 중요하다. 그 대표적인 사례로 오리온 초코파이의 이문화 경영 커뮤니케이션 성공사례가 있다.

① 조사, 연구 및 교육 프로그램

현지문화에 대한 이해가 시장개척에 절대적이라는 방침에 따라 '문화감수성 교육'이라는 자체개발 교육 프로그램을 실시하기 시작했다. 이 교육은 그 나라의 역사, 문화, 생활방식, 관습, 종교, 언어 등을 총망라한 교육내용으로 현지문화를 이해하는 데 필요한 모든 사항을 교육시켰다.

② 브랜드명 변경

브랜드를 생명으로 하는 글로벌 기업들도 중국에서 고유의 브랜드명을 버리고 중국식으로 바꾸거나 작명을 한다. 중국은 중화사상이 강해 외국어를 잘 쓰지 않으려 하는데다 문맹률이 높아 외국어를 읽지 못하는 사람도 많다. 세계적인 기업인 코카콜라와 맥도널드, KFC도 중국에서만은 영어를 버리고 중국식으로 이름을 지었다. 코카콜라의 중국 내 이름은 '가구가락(可口可樂)'이다. 발음이 코카콜라와 비슷하면서 '마시면 입이 즐겁다'라는 뜻까지 상품의 본질과 맞아떨어져 절묘한 네이밍의 대명사로 불린다.

1994년 중국에 진출한 오리온 초코파이의 중국 이름은 '하오리요우'(好麗友, 좋은 친구) 파이로 우정을 콘셉트로 하는 동시에 오리온과 비슷한 발음의 다른 이름을 생각하다 만든 상표였다. 오리온 초코파이 하면 '정통성'과 하나의 상징이 되어 버린 '하오리여우 하오펑여우(好丽友 好朋友: 오리온은 좋은 친구 – 한국에서의 정(情)이미지)'가 떠올라서 사람들의 마음에 친근감과 유대감을 주고 구매 욕구를 더 자극한다. 다른 외국과 달리 중국시장의 제품브랜드는 중국어로 표기하며 중국어의 특성상 음과 뜻을 모두 고려하여 제품 브랜드를 사용하는데 마케팅에 커다란 영향을 끼치는 요인 중의 하나이다.

③ 컬러 마케팅

브랜드명을 바꾸는 동시에 파란색 패키지였던 포장지를 중국인들이 좋아하는 색이며 행운, 부귀, 돈의 상징인 빨간색으로 바꿔 사용했다. 현지화와 문화적인 요소를 동시에 고려한 조치로 현지 문화의 호응을 이끌어냈다. 장기적인 안목에서 현지에서의 생산판매라는 현지화 전략을 적극 구사한 것이다.

- 중국인들이 붉은 색에 유달리 깊은 관심과 애정을 표현하는 이유는 무엇일까?

예로부터 중화민족은 황색을 고귀하고 신성한 권위의 상징으로 여긴다. 아울러 붉은 색을 상서로움과 경사로움의 상징으로 여긴다. 이를테면 순결하고 선량한 효자를 '적자(赤子)'라고 부르고 여성의 화려한 화장을 '홍장(紅粧)'이라 부른다. '홍안(紅顔)'은 여성들의 아름다운 얼굴을 가리키는 동시에 미인을 가리키기도 한다.

④ 현지 환경 맞춤

방부제 없이도 문제없던 초코파이가 중국 남부의 더위를 이겨내지 못하고 변질돼 버린 위기를 맞이했다. 결국 1995년 9월 모든 제품을 수거 조치했고 10만 개의 초코파이가 소각됐다. 오리온은 곧바로 수출라인을 중단한 채 포장지를 교체하여 위기를 넘긴다. 현지의 고온다습한 날씨를 감안해(특히 수분을 철저히 차단하기 위해) 당시 쓰던 포장지를 지금도 쓰고 있는 PP(폴리프로필렌수지)재질로 교체하는 특단의 조치를 취한 것이다. 경험 부족으로 인한 문제점을 정면으로 돌파해 오히려 현지화 프로젝트를 가속화시킬 수 있었다.

또한 겉부분의 초콜렛이 녹아 손에 달라 붙는 것을 방지 하기위해, 또 중국의 넓은 대륙으로 인해 지역별로 다른 입맛을 위해 밀가루와 코코아함유량을 조정하는 등 현지의 환경에 맞추기 위해 많은 노력을 기울였다.

⑤ 지원사업 및 공익행사

중국에 진출한 우리 기업들이 일상적인 마케팅 못지않게 활발한 사회공헌 활동을 벌이고 있다. 사회주의의 영향으로 기업의 공적 구실을 중시하는 중국 사회에 뿌리를 내리기 위해서라도 꼭 필요한 일이기 때문이다.

지난 2000년 허베이성 홍수 때는 구호품으로 초코파이를 지원했으며 벽지 소학교의 책걸상 지원사업도 벌였다. 현지 법인이 소재하고 있는 허베이성에 25만 위안을 투자, 초등학교를 지어 기증하였으며 허베이성 정부는 이 학교를 '오리온 희망소학교'로 명명하였다. 중국인의 특성상 외자기업의 독주는 현지에서 반감을 불러일으킬 수 있으며 현지 정부 등 지역사회의 지원이 기업의 영업활동에 필수 불가결하기 때문에 여러 가지 지원사업을 통한 현지 지역사회에 대한 기여는 마케팅에 있어서 매우 중요한 고려사항 중 하나이다.

이처럼 이문화 커뮤니케이션은 다른 나라의 문화를 이해하는 것에 그치는 것이 아니라, 기업의 경영 및 마케팅 전략에서도 활용된다. 따라서 미래의 글로벌 기업의 리더로 인정받기 위해서는 국제감각을 꾸준히 키우고, 다양한 문화에 내 자신을 스스로 노출시켜 이를 받아들이는 개방적인 태도와 경험을 쌓아야 한다.

Level up Mission Step 2

앞서 학습한 바와 같이 여러 나라의 문화는 참으로 다양하다. 여러분이 경험한 다양한 문화체험에 대한 여러분의 긍정적 경험 혹은 부정적 경험(문화충격)이 있다면 무엇인지 작성해보자.

다양한 문화체험에 대한 긍정적 경험	
다양한 문화체험에 대한 부정적 경험 (문화충격)	

사례

놀랍고 신기한 각 나라별 문화충격

'로마에 가면 로마의 법을 따르라.'라는 말이 있듯이, 각 나라마다 고유한 문화가 있다. 세계 여러 나라에는, 우리나라와 비슷한 문화가 있는가 하면 전혀 다른 문화도 존재한다. 간혹 해외여행을 가서 생각지도 못한 그 나라의 문화에 충격을 받았던 경험이 있을지도 모르겠다. 외국인들이 우리나라에 와서 시설과 체계가 잘 잡혀있는 지하철을 보고 놀란다든가, 빠른 음식 배달문화에 놀라는 것처럼 말이다.

■ 중국

– 지하철 짐 검사

중국에서는 지하철을 탈 때도 짐 검사를 한다. 공항도 아니고 무슨? 이라는 의문이 들 수 있겠지만 정말이다. 테러나 사고 방지를 목적으로 흉기 또는 액체, 스프레이는 반입을 금지하고 있다. 지하철뿐 아니라 기차역 등 여러 공공장소에서도 짐 검사를 한다. 들어가기 전 검색대에 짐을 올리는 것이 먼저다. 그래도 아주 엄격하고 철저하게 하지는 않는다고. 액체 같은 경우는 뜯지 않았을 경우 그냥 넘어가는 경우가 있고, 뜯어져 있는 경우 마셔보라고 한다.

■ 일본

– 주차문화

일본은 길거리가 정말 깨끗하다. 여행을 가본 사람이라면 길가에 불법 주차된 차가 없다는 것을 알 것이다. 일본은 기본적으로 주차가 무조건 '유료'라는 인식을 가지고 있다. 또한 우리나라의 불법주차 과태료가 4만원인 것에 비해, 일본은 최대 20만원의 벌금이 부과되는 등 처벌도 엄격한 편이다. 여기에 1962년부터 '차고지 증명제'라는 제도가 도입돼 자동차를 구입하려면 차고지 증명을 받아야만 한다. 즉, 집에 차량을 주차할 공간이 증명돼야만 차를 구입할 수 있다.

– 흡연문화

길거리가 깨끗한 만큼 일본 내 담배에 관한 규제가 많을 것으로 생각하기 쉽다. 하지만 일부 음식점이나 술집 안에서 담배를 피울 수 있다. 내부의 개방적인 공간에서 담배를 피운다니, 우리나라로서는 상상도 못할 일이다. 아직까지 흡연이 가능한 식당들이 있고, 금연석이나 흡연석을 구분해둔 곳도 있다. 일부 카페에서도 담배를 피우는 것이 가능하다. 하지만 실내와 달리 실외는 비교적 규제가 강한 편이다. 길거리에서는 지정된 곳에서만 담배를 피워야 하고, 보행 중에는 피울 수 없다. 최근에는 실내 흡연 문제를 놓고 금지하자는 법안들이 발의되고 있는 상황이다.

■ 네덜란드

– 커피숍과 카페

네덜란드 곳곳에 있는 커피숍은 우리가 생각하는 커피를 마시는 곳이 아니다. 무려 대마와 같은 연성 마약을 판매하는 곳이다. 네덜란드는 오락용 대마를 합법화하고 있다.

네덜란드의 커피숍과 카페는 서로 다른 곳이다. / 사진=JTBC '비정상 회담' 방송 화면 캡처

그러니 커피를 마시고 싶을 때는 커피숍이 아니라 카페를 찾아가야 한다. 혹시 합법이라고 여행가서 피우겠다는 생각은 접어두길 바란다. 어느 나라에 있든 본국의 법에 따라야 한다는 속인주의 원칙에 따라, 대마초를 피울 경우 국내에서 처벌이 가능하기 때문이다.

– 오픈된 홍등가

네덜란드는 성매매가 합법인 나라다. 때문에 오픈돼 있는 홍등가를 곳곳에서 볼 수 있다. 워낙 관광 상품처럼 변해서 시나다니며 구경이 가능하다. 네덜란드에서는 성 판매자도 엄연한 노동자로 인식하고 있다. 성 판매자 90% 이상이 노동조합에 가입돼 있는 것은 물론 당사자가 정해놓은 선을 넘으면 범죄 신고도 가능하다. 참고로 네덜란드는 유럽에서도 성교육이 철저하기로 유명한 나라다.

■ 유럽

– 영국

영국은 무단횡단이 합법이다. 심지어 경찰도 빨간 불에 아무렇지 않게 횡단보도를 지나간다. 차가 없으면 보행자 신호가 아니어도 건너는 사람이 많고, 보행자가 우선이라는 인식이 강하다. 그리고 상점, 박물관, 공공기관 등은 대부분 오후 5~6시면 문을 닫아버린다. 영국뿐 아니라 다른 유럽 나라들도 이런 경우가 꽤 있으니, 이곳들을 방문할 계획이라면 미리 열어두는 시간을 알아보고 가는 것이 좋다.

■ 싱가포르

– 두리안

싱가포르 사람들은 두리안을 매우 사랑한다. 보기에 뾰족하고 맛없게 생긴데다 냄새도 심해서 호불호가 많이 갈리는 과일이지만, 이 나라에서는 쉽게 접할 수 있다. 두리안을 전문적으로 파는 음식점도 많고, 두리안 전용 마켓도 있을 정도다. 재밌는 사실은, 두리안을 공공장소에 가져가면 안 된다는 것. 지하철뿐 아니라 호텔, 공항, 버스 등에 두리안을 들고 타면 벌금을 내야 한다.

[출처] 공감신문, 〈놀랍고 신기한 각 나라별 문화충격〉, 2017.7.2. 발췌

학습평가 Quiz

1. 다음 중 괄호 안에 공통적으로 들어갈 말은?

> (　　　)는 정보기술의 발전으로 가속화되었으며, 정보의 이동은 국가 간의 물리적이고 영역적인 경계에 구속을 받지 않는다. (　　　)가 가속화되면서 기업의 무대는 국내에서 세계로 확대되었는데, 글로벌 성공을 위해서는 새로운 비즈니스 패러다임을 가지고 뻗어나갈 준비가 된 인재가 필수적이다.

① 세계　　② 국제정세
③ 문화　　④ 글로벌화

2. 글로벌 비즈니스 역량을 키우기 위해서는 지식, 기술, 태도의 세 가지 측면이 필요하다. 이 중에서 글로벌 비즈니스 필요기술의 항목이 아닌 것은?

① 매너 및 에티켓　　② 외국어
③ 이미지 메이킹　　④ 커뮤니케이션

3. '로마에 가면 로마의 법을 따르라.'라는 말이 있듯이, 각 나라마다 고유한 문화가 있다. 이 나라에서는 지하철을 탈 때도 짐 검사를 한다. 테러나 사고 방지를 목적으로 흉기 또는 액체, 스프레이는 반입을 금지하고 있다. 지하철뿐 아니라 기차역 등 여러 공공장소에서도 짐 검사를 한다. 들어가기 전 검색대에 짐을 올리는 것이 먼저다. 이 나라는 어디인가?

① 네덜란드　　② 중국
③ 멕시코　　④ 영국

4. 이것은 상이한 문화적 배경을 갖고 있는 사람들과 언어적 혹은 비언어적 커뮤니케이션하는 것을 말한다. 세계화 시대에 살고 있는 요즘, 공간의 제약을 넘어 다른 나라 사람들과 함께 일할 기회가 증가하였다. 무국경화(borderless)에 따라 우리 주변에는 다민족, 다문화가 공존하는 삶의 영역부터 글로벌 기업의 국경 없는 전쟁이 눈앞에서 펼쳐지고 있다. 특히 업무 현장에서 외국인과 함께 일하는 국제 비즈니스 현장에서는 이러한 커뮤니케이션이 무엇보다 중요하다. 이 같은 사회에서 상이한 문화적 배경을 갖고 있는 사람들이 서로를 더 잘 이해해가기 위해서는 이문화를 이해하는 것이 매우 중요하다고 볼 수 있다. 이것은 무엇인가?

5. 앞서 오리온 초코파이의 이문화 경영 커뮤니케이션 성공사례를 학습하였다. 현지화전략 중에서 컬러 마케팅이라는 것을 실행하였는데, 그 사례에 대해 작성해보자.

학습내용 요약 Review (오늘의 Key Point)

1. 글로벌화(globalization)란 세계의 다양한 나라 혹은 사회에 존재하는 다양한 정치적, 경제적, 사회적, 문화적 시스템이 단일한 구조적 틀로 통합되는 과정을 말한다.

2. 기업에서 말하는 글로벌 인재란 국내외를 가리지 않고, 언제, 어디서나 자신의 비즈니스를 관리하고 성과를 낼 수 있는 사람으로, 주로 글로벌 비즈니스 역량을 가진 사람을 의미한다.

3. 글로벌 사회에서 비즈니스에 필수적으로 요구되는 비즈니스 역량은 3개 영역, 12개 항목으로 구성된다. 3개의 영역은 글로벌 비즈니스 지식, 기술, 태도 이 3가지를 의미한다.

4. 세계화 시대에 사는 우리는 언제 어디서든 글로벌 기업 현장에서 일할 수 있고, 다양한 인종과 함께 일할 기회도 증가했다. 또한 우리나라의 경제, 산업, 문화, 정치 등 다양한 영역에서 세계화의 영향을 받고 있는 만큼 글로벌 트렌드의 변화에 민감해야 한다.

5. 상이한 문화적 배경을 갖고 있는 사람들이 서로를 더 잘 이해해가기 위해서는 이문화를 이해하는 것이 이문화 커뮤니케이션의 출발이다.

6. 문화충격이란 익숙하지 않거나 낯선 문화에 직면했을 때 나타나는 결과로서, 개인의 표준적인 사회적(자신의 사회, 하위문화, 구성된 집단) 시각이 파괴되는 것을 말한다.

7. 이문화 커뮤니케이션은 다른 나라의 문화를 이해하는 것에 그치는 것이 아니라, 기업의 경영 및 마케팅 전략에서도 활용된다. 따라서 미래의 글로벌 기업의 리더로 인정받기 위해서는 국제감각을 꾸준히 키우고, 다양한 문화에 내 자신을 스스로 노출시켜 이를 받아들이는 개방적인 태도와 경험을 쌓아야 한다.

스스로 적어보는 오늘 교육의 메모

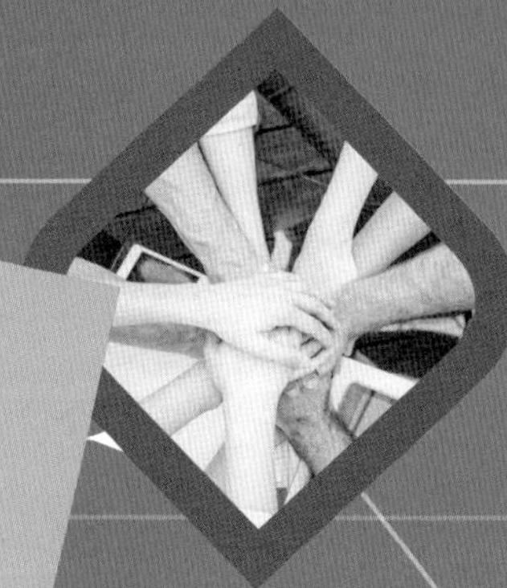

글로벌 매너

Contents

1. 글로벌 시대의 글로벌 매너

Learning Objectives

1. 글로벌 시대의 글로벌 매너와 기본 에티켓에 대해 설명할 수 있다.
2. 국가별 에티켓에 대해 설명할 수 있다.

11 Chapter

이야기 속으로 ...

"글로벌 시대, 글로벌 매너로 무장해야..."

외국의 양식당에서 김치와 고추장, 소주를 가져가 큰 소리로 '건배'를 외친다면 어디서든 환영받지 못할 것이며, 돼지고기를 금하는 이슬람 국가의 비즈니스맨을 한국 식당에 초대하여 돼지갈비를 권했다면 아마도 그 비즈니스는 실패일 것이다. 글로벌 매너는 그 자체도 중요할 것이나 자칫 '일'을 망칠 수 있다는 것이 더 문제이다. 외국인 바이어와 상담을 하다가 잘 안 되면 더러 한국말로 욕하는 사례가 있다고 한다.

외국인이 모를까? 설령 몰라도 매너가 아니며 몸짓과 표정만으로도 눈치챌 수 있다. 더욱이 한국어에 능통한 주한 유엔군사령부 출신의 한 바이어에게 그것도 모르고 상사원끼리 불평을 하다가 중요한 비즈니스를 망친 사례도 있다. 외모나 복장 등 겉모습으로 판단해서도 안 된다.

인도네시아에서는 더운 날씨 탓에 공식 행사라도 정장 대신 전통적인 바틱(Batik) 셔츠를 많이 착용한다. 대체로 체격이 왜소하고 피부는 햇빛에 그을려 정장을 안 하면 다소 초라해 보인다. 어떤 한국 상사원이 그런 겉모습만 보고 박대를 했다가, 그 바이어가 운전기사를 두고 벤츠 S600을 타고 떠나는 모습을 보고나서야 붙잡으려고 했지만 사태는 끝난 뒤였다. 상대의 입장과 현지문화를 모르고 자신의 생각만으로는 곤란하다.

[출처] 경제풍월 〈글로벌시대 '국제매너' 타문화의 이해 필요하다〉, 2012.09.16 발췌

본 챕터에서는 글로벌 시대의 글로벌 매너와 기본 에티켓 그리고 국가별 에티켓에 대해 학습해 보고자 한다.

사전진단. Self Check

1. 다음은 무엇에 대한 설명인가?

> (　　　)은 공공의 의미를 많이 내포하고 있고, 스스로의 행동을 단정하게 하고 사람들과의 관계를 부드럽고 원만하게 하기 위해서 하는 공동약속이라 할 수 있다.

① 에티켓　　② 공공질서
③ 글로벌 매너　　④ 약속

2. 다음은 무엇에 대한 설명인가?

> 이것은 타인과 만날 때에 불쾌감을 주지 않기 위한 몸가짐이나 마음가짐으로서, 어떤 일을 할 때 보다 바람직하고, 보다 세련된 감각을 익히기 위해 생겨난 습관으로 개인적인 의미를 많이 내포하고 있다.

① 습관　　② 매너
③ 자세　　④ 약속

3. 이것은 호주의 에티켓으로 자신이 마실 음료수나 술을 준비해 가는 파티를 말한다. 이것은 무엇이라 하는가?

① BYO　　② BYE
③ Wine　　④ 성년식

1. 글로벌 시대의 글로벌 매너

(1) 글로벌 매너의 필요성

세계화로 국가 간, 기업 간 교류뿐만 아니라 개인 간 국제 교류가 빈번해짐에 따라 세계인이 지켜야 할 글로벌 매너의 필요성이 날로 높아지고 있다. 우리나라를 비롯하여 유교사상의 뿌리를 둔 동양의 경우 예의범절을 중요하게 다루고 있지만, 그 외에 국제적으로 지켜야 할 에티켓이나 나라별 매너도 상이하기 때문에 충분히 학습할 필요가 있다. 인간관계는 좋은 만남에서 시작되고, 비즈니스의 성공도 첫인상에서 좌지우지된다. 어떠한 비즈니스를 하든 다른 사람들과의 교류가 필연적이므로, 그 접촉과정에서의 지켜야 할 도리가 있기 마련이다. 이것을 동양에서는 '예'(禮)라고 하고, 서양에서는 '에티켓' (Etiquette) 또는 '매너'(Manner)라 한다.

매너라는 말은 'Manuarius'라는 라틴어에서 유래되었으며, 이는 'Manus'와 'Arius'라는 말의 복합어인데, 'Manus'란 영어의 'Hand'라는 뜻으로, 이 말은 사람의 손이라는 뜻 이외에 사람의 행동, 습관 등의 뜻을 내포하고 있다. 따라서 매너는 타인과 만날 때에 불쾌감을 주지 않기 위한 몸가짐이나 마음가짐으로서, 어떤 일을 할 때 보다 바람직하고, 보다 세련된 감각을 익히기 위해 생겨난 습관으로 개인적인 의미를 많이 내포하고 있다. 우리가 흔히 앞 사람이 문을 잡아 주거나, 혹은 자동차 문을 대신 열어주거나 할 때 '매너가 좋은 분이군'이라고 생각한다. 매너는 일반적으로 '좋다, 나쁘다'로 표현한다.

에티켓은 예의범절을 이르는 말로 고대 프랑스어의 동사 estiquer(붙이다)에서 유래한 말이다. 그 어원을 살펴보면, 베르사이유 궁전에 사람들에게 주어지는 티켓(ticket)에 기원을 둔다는 설(그 티켓에는 궁전 내에서 유의할 사항이나 예의범절이 수록)과 프랑스어의 'Estiquier'(붙이다)를 어원으로 한다는 설(궁전화단에 '꽃밭을 해치지 마시오'라는 입간판을 붙임)이 있다. 따라서 에티켓은 공공의 의미를 많이 내포하고 있고, 스스로의 행동을 단정하게 하고 사람들과의 관계를 부드럽고 원만하게 하기 위해서 하는 공동약속이라 할 수 있다. 가령 공공장소에서 가래침을 뱉거나, 담배 연기를 내뿜을 때 우리는 흔히 '저 분은 에티켓이 없네'라고 생각한다. 에티켓은 일반적으로 '있다, 없다'로 표현한다.

(2) 글로벌 기본 에티켓

① 인사

- 모르는 사이라고 해도 같은 공간에 있는 사람에게 친근하게 인사를 건네고 얼굴에 웃음을 띠는 것은 외국에서는 당연한 에티켓이다.

② 악수

- 악수는 오른손으로 하는 것이 원칙이다.
- 상대가 악수를 청할 때 남성은 반드시 일어서야 하지만, 여성은 앉은 채로 악수를 받아도 괜찮다.
- 남성은 악수할 때 장갑을 벗는 것이 예의지만, 여성은 실외에서 악수를 하는 경우 반드시 장갑을 벗지 않아도 된다.
- 악수를 하면서 가벼운 인사말도 함께 한다.
- 연소자가 연장자에게 소개되었을 경우 먼저 악수를 청해서는 안 된다.
- 외국인 부부를 소개받은 경우 동성 간에는 악수를 하고, 이성 간에는 간단한 목례로 대신한다.

③ 테이블 매너

- 테이블 착석 시 오른쪽이 상석이며 남성보다 여성을 우대한다.
- 식사 중 자리를 뜨는 것은 가급적 삼가야 한다.
- 핸드백이나 가방은 테이블 위가 아닌 의자의 뒤 쪽, 즉 자신의 등 뒤에 놓는다.
- 원탁 상차림에서 '좌빵 우물(왼쪽의 빵, 오른쪽의 물잔)'이 자신을 위한 것이므로 실수하지 않도록 한다.
- 식탁에 놓여 있는 나이프와 포크는 바깥쪽에 놓여 있는 것부터 사용한다.
- 일반적으로 나이프와 포크는 3개씩이며, 더 많이 필요한 경우는 음식에 따라 나오게 된다.

- 서양식으로 식사할 때 빵에 칼을 대지 않고 손으로 뜯어 먹는 것이 매너다.
- 냅킨을 펼 때는 무릎 위에 반으로 접어, 접힌 부분이 자기 쪽을 향하게 한다.
- 냅킨은 식사 도중 무릎 위에 올려놓고 입을 닦거나 손가락에 묻은 소스를 닦기 위한 용도 이외에는 사용하지 않는다.
- 냅킨을 양복 단추에 걸거나 목에 거는 것은 점잖지 않다.
- 여성의 경우, 냅킨에 립스틱 자국이 묻지 않도록 주의한다.
- 냅킨을 접시 옆에 두고 식사를 하는 것은 매너가 아니다.
- 식사가 끝난 다음에는 나이프나 포크를 접시의 중앙에서 좌측으로 뉘어서 가지런히 놓아둔다.

④ 식사 중 에티켓

- 금연식당 또는 식당 내 금연구역에서 담배를 피우지 않는다.
- 다른 손님에게 불쾌감을 줄 정도의 큰 목소리로 이야기하지 않는다.
- 뷔페 식당에서 줄을 서서 기다리지 않고 단순히 손만 뻗어서 음식을 가지고 가지 않는다.
- 식당 직원에게 무례한 태도로 서비스를 요구하지 않는다.
- 식사 중 음식 먹는 소리를 크게 내지 않는다.
- 입안 가득히 음식을 채운 채 이야기하지 않는다.
- 뷔페 식당에서 음식을 밖으로 싸가지 않는다.
- 식당 외부에서 가져온 음식과 주류를 식당에서 먹지 않는다.

(3) 국가별 에티켓

① 중국

Tip 1 종이 달린 시계는 싫어해요.

괘종시계처럼 종이 달린 시계는 중국에서 "끝낸다"와 "죽음"의 의미가 있으니 선물로는 삼가야 한다.

Tip 2 생선을 뒤집는 건 불길함의 상징!

중국인들에게 생선은 배를 의미해 식사 중에 생선을 뒤집으면 배가 뒤집히는 것과 같은 뜻으로 불길함을 의미하기 때문에 조심해야 한다.

Tip 3 술잔은 가득, 찻잔은 반만 채우세요

술은 잔 가득히 따르면 존경을 의미하지만, 차는 잔을 가득 채우면 업신여김의 의미가 되니 잔의 반만 채우는 게 중국의 예의다.

Tip 4 음식은 남기는 게 예의

중국에서 반찬이나 음식을 남기는 것이 호스트에 대한 예의다. 다 먹어버리면 '너무 부족했어요'라는 의미이므로 주의해야 한다.

② 일본

Tip 1 밥공기는 들고 먹는다.

우리나라에서는 밥공기를 들고 먹으면 경박한 행동으로 취급하지만 일본에서는 밥공기를 들어 입 가까이 대고 먹는 것이 매너다.

Tip 2 자전거에도 번호판이 있다!

일본에서는 자전거도 교통수단 중의 하나로 여겨 번호판이 있는 것은 물론 운전면허가 필요하며, 음주운전을 하거나 운전 중 전화 통화는 교통 법규 위반에 해당된다.

Tip 3 젓가락으로 음식 주지 말기

일본에서는 사람이 죽어서 화장을 하고 나면 남은 뼈를 항아리에 젓가락을 집어넣는 풍습이 있어 젓가락으로 상대방에게 음식을 집어주는 것을 싫어한다.

Tip 4 대중교통 이용 시 핸드폰 사용은 자제

일본은 남에게 피해를 끼치는 것을 매우 조심하기 때문에 대중교통 이용 시 핸드폰 사용을 자제하는 것이 좋다.

Tip 5 온천에서 때밀지 마세요

일본 온천은 탕에 들어가기 전에 몸을 깨끗하게 씻고 들어가며 입욕 직전까지 타월을 이용에 몸의 일부분을 가리는 것이 예의다. 또한 때밀이 수건을 가지고 가서 때를 미는 경우가 있는데 반드시 삼가야 한다. 탕 속에 타월을 담그는 것도 예의에 어긋난다.

③ 호주

Tip 1 Hello 대신 G Day!

호주의 유명한 인사말 "G' Day"(구 다이), "G' Day"는 "Good day"의 줄임말로, "Hello"나 "Hi"에 "G' Day"로 대답할 수 있다.

Tip 2 초대장에 'BYO'라 쓰여 있다면…

'BYO'는 'Bring Your Own'이라는 뜻으로, 즉 자신이 마실 음료수나 술을 준비해 가는 파티를 말한다. 또 BYO 표시가 되어있는 레스토랑에는 술을 가지고 들어갈 수도 있고, 레스토랑에 들어갔다 술을 사러 다시 나올 수도 있다.

Tip 3 술병을 들고 거리를 활보하는 것은 금기

호주에서는 거리에서 술병을 보이도록 들고 다니면 벌금을 물 수 있으니 타월이나 가방, 종이 등으로 가리고 다녀야 한다.

Tip 4 택시를 혼자 탑승 시 운전석 옆에 앉기

호주에서 택시를 혼자 타는 경우 운전사의 옆 자리에 앉는 것이 예의다.

④ 미국

Tip 1 택시 보조석은 착석금지!

미국에서 택시를 탈 때는 운전자 옆자리에 앉지 않도록 주의해야 한다. 택시 앞 좌석(보조석 포함)은 운전자만의 공간이다.

Tip 2 선물은 바로 개봉!

미국인들은 친구에게 선물을 받았다면 그 자리에서 뜯어보고 감사의 마음을 전하는 것을 예의로 생각한다.

Tip 3 백합선물은 NO!

미국인에게 백합은 죽음을 의미하기 때문에 절대 선물하면 안 된다.

Tip 4 정확한 팁 계산

택시 기사들 중 간혹 특별한 요구가 없으면 '땡큐'라고만 하고 거스름돈을 주지 않는 경우가 있다. 그러므로 요금에 팁을 더한 금액이 얼마인지 정확하게 계산하는 것이 좋다.

⑤ 영국

Tip 1

사다리 밑으로 지나가거나 방 안에서 우산을 펴면 불길하다고 믿는다.

Tip 2

길을 걷다가 지나가는 검은 고양이를 보면 행운의 상징이라고 생각한다.

Tip 3

런던의 지하철 에스컬레이터를 이용할 때 왼쪽 편에 서면 무조건 걷거나 뛰어야 한다. 그렇지 않으면 "좀 비켜 주시겠어요?"라는 말을 듣게 된다. 런던의 지하철에서는 반드시 지켜야 한다. 만약 움직이기 싫다면 오른편에 서야 한다.

Tip 4

영국인들은 애완동물을 끔찍이 생각하므로 함부로 다루거나 위협적인 행동, 가혹행위는 절대 삼간다.

⑥ 스페인

Tip 1 답답한 시에스타

시에스타(Siesta)는 스페인어로 '낮잠'이라는 의미다. 옛날 스페인의 농가에서는 뜨거운 태양 볕을 피하기 위해 점심식사 후 낮잠을 자는 풍습이 있었는데 이것이 지금까지 전해내려 왔다. 오후 1시부터 4시까지 낮잠을 자기 때문에 레스토랑이나 상점, 관광지, 박물관 등도 문을 닫는다. 사전에 미리 알아보고 방문을 해야 한다.

Tip 2 저녁식사 에티켓

스페인에서 저녁식사는 9~10시경에 하는 것이 보통인데, 초대를 받았을 경우 시간을 맞춰가는 것보다 조금 늦게 가는 것이 예의다. 또한 빈손으로 가는 것은 예의에 어긋나므로 와인이나 디저트를 선물로 갖고 가는 것이 좋다.

Tip 3 건물 내 흡연 법적으로 금지

2011년부터 건물 내 흡연이 전면 금지되었으며 술집에서도 금지이므로 주의해야 한다.

Tip 4 성당 관람 시 보수적인 옷차림을 준비하세요.

스페인의 성당을 구경하기 위해서 너무 짧은 옷이나 민소매 옷을 착용하는 것을 피해야 한다. 입장이 불가능할 수도 있다는 점에 주의해야 한다.

⑦ 이집트

Tip 1 악수는 관례

약속장소에 도착하면 현장에 있는 모든 사람과 악수인사를 하는 것이 예의다. 떠날 때도 도착했을 때와 마찬가지로 모든 사람과 악수인사를 한다.

Tip 2 라마단 기간에 주의

라마단 기간에 이집트인들 앞에서 음식을 먹거나, 술을 마시거나, 담배를 피우는 것은 큰 결례라는 점에 주의해야 한다.

Tip 3 여성들에게 말을 걸지 마세요.

이집트는 다른 이슬람국가들에 비해 개방화되어 히잡을 쓰고 다니는 여성들이 많지 않으나, 길에서 여성들에게 조심스럽게 말을 걸면 큰일난다. 주변 남성들의 주목을 받게 되며, 대화내용이 불순할 경우 경찰까지 출동할 수 있다.

Tip 4 두 손가락을 맞대는 제스처는 하지 마세요.

남녀의 동침을 의미하므로 이 제스처는 삼가야 한다.

Tip 5 인손은 불결한 손

식사를 하거나 악수를 할 때 왼손 대신 오른손으로 하는 것이 예의다.

Level up Mission Step 1

본문 내용에서 학습한 국가별 에티켓 중에서 우리나라와 상이한 에티켓이 있다면 무엇인지 적어보고, 그 이유와 느낀 점에 대해 작성해보자.

사례

글로벌 매너 갖추기

글로벌 매너는 어렸을 때부터 가르쳐야 한다. 어린 시절에 가장 중요하게 가르쳐야 할 글로벌 매너는 '질서 지키기' '기다리기' '남에게 폐 안 끼치기'이다. 글로벌 시티즌 여부를 가늠하는 기본적 잣대가 바로 이 세 가지이다. 그런데 우리나라 청소년에게 가장 부족한 부분이 바로 이 세 가지이기도 하다. 선진국을 여행하다 보면 길거리에서 사람들이 질서를 지키며 기다리고 있는 모습을 늘 본다. 레스토랑에서, 공연장에서, 미술관에서, 하다못해 길거리 가게에서도 줄을 서서 기다린다. 기다린다는 것은 자기 차례가 올 때까지 인내심을 갖고 차분히 견디는 가장 도덕적인 행위이다.

이러한 질서 지키기와 기다리기 교육은 결국 남의 생명에 대한 경외심의 표시이기도 하다. 영화 「타이타닉」이 이를 보여준다. 배가 가라앉는 상황에서도 침착함을 잃지 않고 어린이, 부녀자, 노인 순으로 구명보트에 태워 보내고는 자신들은 차가운 물속에서 죽어가는 감동적인 모습……. 바로 이러한 덕목은 어린 시절부터 교육을 통해 길러져야 한다. 남에게 폐 안 끼치기 교육은 일본 부모가 참으로 혹독하게 시킨다. 대중들이 있는 곳에서 자녀가 불편을 주는 행동을 하면 그 자리에서 가차 없이 혼을 내준다. 아이는 그 자리에서 다시는 그런 행위를 하지 않을 것을 결심한다.

또한 글로벌 매너는 국제적 행위이기도 하다. 대전 프랑스문화원 박한표 원장은 "국제매너는 다른 문화에 대한 배려이고, 좋은 국제매너는 서로 다른 문화 사이에서 올바른 커뮤니케이션이 이루어질 때 나오는 것"이라고 말한다. 즉, 문화의 상대주의를 이해하는 사람이 국제매너를 잘 알고 있는 사람이라는 것이다. 국제사회에서는 외국어만 잘 한다고 해서 모든 것이 해결되지 않는다. 그 나라의 문화나 사람들의 관습, 생각하는 방식을 이해해야지만 그들과 쉽게 통할 수 있다. 글로벌 리더가 될 사람들에게 이러한 태도는 필수적이다.

[출처] 〈글로벌 리더-세계무대를 꿈꾸는 젊은이들이 알아야 할 아홉 가지 원칙〉,
백형찬, ㈜살림출판사, 2007 발췌

학습평가 Quiz

1. 다음 중 괄호 안에 들어갈 말은?

> (　　　)은 예의범절을 이르는 말로 고대 프랑스어의 동사 estiquer(붙이다)에서 유래한 말이다. 그 어원을 살펴보면, 베르사이유 궁전에 사람들에게 주어지는 티켓(ticket)에 기원을 둔다는 설(그 티켓에는 궁전 내에서 유의할 사항이나 예의범절이 수록)과 프랑스어의 'Estiquier'(붙이다)를 어원으로 한다는 설(궁전화단에 '꽃밭을 해치지 마시오'라는 입간판을 붙임)이 있다.

① 유교사상　　② 에티켓
③ 예절　　④ 매너

2. 다음 중 괄호 안에 공통적으로 들어갈 말은?

> 이것은 글로벌 기본 에티켓으로 (　　　)을 펼 때는 무릎 위에 반으로 접어, 접힌 부분이 자기 쪽을 향하게 한다. (　　　)은 식사 도중 무릎 위에 올려놓고 입을 닦거나 손가락에 묻은 소스를 닦기 위한 용도 이외에는 사용하지 않는다.

① 냅킨　　② 수건
③ 신문　　④ 테이블

3. 다음 중 글로벌 기본 에티켓 중 식사 에티켓이 아닌 것은?

① 입안 가득히 음식을 채운 채 이야기하지 않는다.
② 식당 외부에서 가져온 음식과 주류를 식당에서 먹지 않는다.
③ 식당 직원에게 무례한 태도로 서비스를 요구하지 않는다.
④ 뷔페 식당에서 남은 음식을 조금씩은 싸가도 된다.

4. 이 나라는 지하철 에스컬레이터를 이용할 때 왼쪽 편에 서면 무조건 걷거나 뛰어야 한다. 그렇지 않으면 "좀 비켜 주시겠어요?"라는 말을 듣게 된다. 만약 움직이기 싫다면 오른편에 서야 한다. 어느 나라의 에티켓인가?

5. 이 나라의 저녁식사는 9~10시경에 하는 것이 보통인데, 초대를 받았을 경우 시간을 맞춰 가는 것보다 조금 늦게 가는 것이 예의다. 또한 빈손으로 가는 것은 예의에 어긋나므로 와인이나 디저트를 선물로 갖고 가는 것이 좋다. 어느 나라의 에티켓인가?

학습내용 요약 Review (오늘의 Key Point)

1. 매너는 타인과 만날 때에 불쾌감을 주지 않기 위한 몸가짐이나 마음가짐으로서, 어떤 일을 할 때 보다 바람직하고, 보다 세련된 감각을 익히기 위해 생겨난 습관으로 개인적인 의미를 많이 내포하고 있다.

2. 에티켓은 공공의 의미를 많이 내포하고 있고, 스스로의 행동을 단정하게 하고 사람들과의 관계를 부드럽고 원만하게 하기 위해서 하는 공동약속이라 할 수 있다.

3. 중국에서는 술은 잔 가득히 따르면 존경을 의미하지만, 차는 잔을 가득 채우면 업신여김의 의미가 되니 잔의 반만 채우는 게 중국의 예의다.

4. 우리나라에서는 밥공기를 들고 먹으면 경박한 행동으로 취급하지만, 일본에서는 밥공기를 들어 입 가까이 대고 먹는 것이 매너다.

5. 호주에서는 거리에서 술병을 보이도록 들고 다니면 벌금을 물 수 있으니 타월이나 가방, 종이 등으로 가리고 다녀야 한다.

6. 미국에서 택시를 탈 때는 운전자 옆자리에 앉지 않도록 주의해야 한다. 택시 앞 좌석(보조석 포함)은 운전자만의 공간이다.

7. 영국인들은 애완동물을 끔찍이 생각하므로 함부로 다루거나 위협적인 행동, 가혹행위는 절대 삼간다.

8. 스페인의 성당을 구경하기 위해서 너무 짧은 옷이나 민소매 옷을 착용하는 것을 피해야 한다. 입장이 불가능할 수도 있다는 섬에 주의해야 한다.

9. 이집트에서는 식사를 하거나 악수를 할 때 왼손 대신 오른손으로 하는 것이 예의다.

스스로 적어보는 오늘 교육의 메모

참고문헌

- 곽숙철의 혁신이야기 〈버버리는 어떻게 디지털 기업으로 변신했나?〉
- 김성국, 〈조직과 인간행동〉, 명경사, 2006
- 네이버 지식백과, 〈SWOT분석〉
- 니시무라 가쓰미, 〈설득의 프레임이 바뀌는 논리사고〉, 위즈덤하우스, 2010
- 니시무라 아키라, 〈퇴근 후 3시간〉, 해바라기, 2004
- 닐 도쉬, 린지 맥그리거, 〈무엇이 성과를 이끄는가〉, 생각지도, 2016
- 더글러스 맥그리거, 〈기업의 인간적 측면 The Human Side of Enterprise〉, 1960
- 도쓰카 다카시마, 〈세계 최고의 인재들은 왜 기본에 집중할까〉, 비즈니스북스, 2014
- 로드 와그너, 제임스 하터, 〈위대한 경영의 요소〉, 해냄, 2007
- 마크 포스터, 〈시간관리? 인생관리!〉, 중앙경제평론사, 2003
- 박경수, 〈보고의 신〉, 더난출판, 2015
- 박소연, 송영수, 〈기업의 글로벌 인재육성(HRD)을 위한 글로벌 비즈니스 역량 분석〉, 2008
- 박소연 〈대기업 신입사원 조직사회화의 장애요인 탐색〉 한국산업교육학회 2012, 3월호, p.71
- 백기락, 〈시간을 지배하라〉, 크레벤지식서비스, 2008
- 백형찬, 〈글로벌 리더-세계무대를 꿈꾸는 젊은이들이 알아야 할 아홉 가지 원칙〉, ㈜살림출판사, 2007
- 사카이 조, 〈회사를 키우는 인재육성의 비밀〉, 제이펍, 2011
- 스티븐 코비, 〈성공하는 사람들의 7가지 습관〉, 김영사, 2004
- 시모지 간야, 〈고쿠요 5스텝 논리사고〉, 더난출판, 2014
- 에이브러햄 매슬로우, 〈인간욕구를 경영하라〉, 웅진씽크빅, 2011
- 위키백과사전 〈PEST 분석〉
- 이동훈, 〈최신경영정보학〉, 형설출판사, 2012
- 이학종, 〈한국기업의 문화적 특성과 새 기업문화 개발〉, 박영사, 1997
- 자이베르트, 〈성공하는 리더를 위한 시간관리 테크닉〉, 미래사, 2003
- 장수용, 〈경영학의 이해〉, 전략기업컨설팅, 2008
- 장원섭 〈인적자원개발론〉, 학지사, 2003
- 조용문, 〈신입사원이 알아야 할 A에서 Z까지〉, 리빙북스, 2006
- 존 맥스웰, 〈리더십 21가지 법칙〉, 청우, 2005
- 존 코터, 〈기업이 원하는 변화의 리더〉, 김영사, 2000
- 찰스 핸디, 〈최고의 조직은 어떻게 만들어 지는가〉, 위즈덤하우스, 2011
- 최동석, 〈다시 쓰는 경영학〉, 21세기북스, 2013
- 파멜라 도드, 더그 선드하임, 〈CEO처럼 시간을 경영하라〉, 지훈출판사, 2008
- 파트릭 아마르, 〈경영심리학〉, 지형, 2012
- 한국표준협회 NCS연구회, 〈조직이해능력〉, 박문각, 2016
- 허재경, 〈신입사원 절반 "회사에 실망"〉, 한국일보, 2017. 8. 8
- (사)한국기업교육학회 〈HRD 용어사전〉, ㈜중앙경제, 2010

- 〈2016 OECD 과학기술혁신 미래전망〉, OECD, 2016.12
- 〈조직이해능력 : NCS 기초직업능력 프로그램 학습자용 매뉴얼〉, 한국산업인력공단
- http://biz.chosun.com/site/data/html_dir/2015/02/04/2015020404430.html 한샘의 밤샘, 공룡 앞에서 더 강해진다
- http://biz.chosun.com/site/data/html_dir/2015/04/06/2015040602617.html 구글 인사 담당자가 말하는 최고 직원이 되는 10가지 방법
- http://blog.hyosung.com/1381 글로벌 인재란, 글로벌 역량을 갖추고 원칙을 지키는 사람!
- http://blog.naver.com/24h_withme/221095928578 2만 5천달러짜리 시간관리의 기술
- http://bonlivre.tistory.com/980 일에서 시간도둑 퇴치하는 7가지 방법
- http://c11.kr/p81 조직의 변화가 어려운 4가지 이유
- http://c11.kr/p82 '성공확률 25%' 조직개편 어떻게 할까.
- http://c11.kr/p8b 알리바바의 원대한 농촌梦…타오바오촌
- http://c11.kr/p8f 라인 · 페이스북 · 알리바바의 성장 비결?…유연한 기업문화
- http://c11.kr/q03 효율적인 직장인이 되기 위해 버려야 할 13가지 나쁜 습관
- http://c11.kr/r46 번집은 멘탈 게임…'논리적 사고'의 소유자가 돼라
- http://c11.kr/rqq 〈이문화 경영〉오리온 초코파이의 커뮤니케이션 성공 사례
- http://c11.kr/rqr [세계의 창을 열고] 전쟁 때도 계속된 베트남 '시에스타'
- http://c11.kr/rxj 글로벌시대 '국제매너' 타문화의 이해 필요하다
- http://c11.kr/rxn 건강한 조직을 만드는 3가지 힘 '결집 · 실행 · 적응'
- http://korean.visitkorea.or.kr/globaletiquette/basic1.jsp 한국관광공사와 함께하는 글로벌 에티켓
- http://ksc12545.blog.me/220240083164 피터 드러커가 밝힌 리더의 4가지 기본 역량
- http://magazine.cheil.com/15405 Big Step I 빅데이터, 소비자의 마음을 꿰뚫다
- http://terms.naver.com/entry.nhn?docId=3548884&cid=42346&categoryId=42346 4차 산업혁명
- http://www.ciokorea.com/news/23488 高성과 기업에만 있는 7가지 문화
- http://www.freedomsquare.co.kr/3591#.WdcPYsoUnIU 감동이 있는 경영스토리, 〈리더가 밝히는 신년 계획법 '도전적 목표(Stretch Goal)를 세워라!'〉
- http://www.gokorea.kr/news/articleView.html?idxno=23363 [공감신문] 놀랍고 신기한 각 나라별 문화 충격
- http://www.hani.co.kr/arti/economy/working/710244.html 우리 회사 인재육성 프로그램을 소개합니다
- http://www.itworld.co.kr/slideshow/80308 업무 생산성을 갉아먹는 '시간도둑들' 베스트 10
- http://www.lecturernews.com/news/articleView.html?idxno=906 신입사원이 배워야 할 보고요령, 보고원칙 네 가지
- http://www.newstomato.com/one/view.aspx?seq=732001 아모레퍼시픽, '인재 경영'에 힘쓴다
- http://www.newswire.co.kr/newsRead.php?no=786351 신입사원 꼴불견 행동 1위 '업무시간 중 딴짓'
- https://gscaltexmediahub.com/archives/17268 성공적인 조직문화를 안착시킨 기업들

저자 약력 | 김 진 규

하림그룹 ㈜선진 경영지원실 인재개발팀 팀장으로 채용, 교육, 평가, 보상, Global HR을 맡고 있다. 세종대학교 호텔경영 석사를 마쳤고, JW Marriott Hotel에서 호텔리어로 첫 직장생활을 시작으로 GHM(General Hotel Management) 인사팀, 한국리더십센터 컨설팅그룹 기업컨설팅 팀장을 역임했다. 또한 저자는 주한외국기업 인사관리협회(KOFEN HR) 사무총장으로 글로벌기업 인사담당자 학술모임을 주관하고 있으며, 건국대학교 겸임교수, 연세대학교 Residential College에서 리더십 강사로 활동했다.

저 서

- 30분만에 끝내는 30가지 강의스킬 (2015)
- 30 Facilitation Skills for Your Lecture (2016)
- NCS기반 조직이해능력 (2018)

- 이메일: leadership81@naver.com

NCS 조직이해능력

초판1쇄 발행　2018년 1월 15일
초판2쇄 발행　2023년 2월 10일

저　　자　김 진 규
펴 낸 이　임 순 재
펴 낸 곳　(주) 한올출판사
등　　록　제11-403호
주　　소　서울시 마포구 모래내로 83(성산동, 한올빌딩 3층)
전　　화　(02)376-4298(대표)
팩　　스　(02)302-8073
홈페이지　www.hanol.co.kr
e - 메 일　hanol@hanol.co.kr
I S B N　979-11-5685-622-1